판교에서
문과로 살아남기

판교에서 문과로 살아남기

초판 1쇄 인쇄 2023년 8월 14일
초판 1쇄 발행 2023년 8월 18일

지은이 박인배

기획 이유림
편집 정아영
마케팅 총괄 임동건
마케팅 안보라
경영지원 임정혁, 이순미

펴낸이 최익성
펴낸곳 플랜비디자인

표지 디자인 스튜디오 사지
내지 디자인 박은진

출판등록 제2016-000001호
주소 경기도 화성시 영천동 283-1 A동 3210호

전화 031-8050-0508
팩스 02-2179-8994
이메일 planbdesigncompany@gmail.com

ISBN 979-11-6832-067-3 (04320)
     979-11-6832-049-9 (세트)

도시의 **03** 직장인

판교 IT 기획자 편

판교에서 문과로 살아남기

이과인이 득실대는 IT 회사에 입사한
어느 문과인의 치열한 업무 기록 노트

plan b
DESIGN

차례

Chapter 3 책임 있는 자유

Chapter 4 재가 되면 불이 붙지 않습니다

대단히 보통의 이야기

출판사에서 처음 책을 출간하고 싶다는 연락을 받았을 때, 수락을 하고도 꽤 오랜 시간 번복을 고민했습니다. 내가 가진 지식이 과연 출판물로써 가치를 지닐지 의심이 들었고, 부족한 전문성이 질타를 받지는 않을까 두려웠습니다. 예전부터 블로그에 꽤 오랜 기간 글을 써왔지만 그 글들은 유료 고객을 대상으로 하지 않았기에 사실 부담이 없었습니다. 온라인 세상을 이리저리 산책하듯 둘러보다 제 놀이터에서도 잠시 놀다 가시라는 의미이니 그분들의 기대에 상응하는 콘텐츠를 제공하지 못한다고 해도, 큰 죄책감이 느껴지지는 않았습니다.

하지만, 책은 달랐습니다. 매의 눈으로 나름의 분석력을 가지고 취사선택한 저의 책이 소비한 사람들의 기대를 충족시키지 못할 수도 있다는 부담감이 앞섰죠. 세상을 바라보는 저의 시야는 여전히 좁고, 세상에서 겪은 시간은 아직도 짧기에 제가 던지는 말의 풍요로움이 부족할 수 있다는 걱정이 컸습니다.

그럼에도 이 글을 쓰리라 결심했던 이유는 IT 산업에서 '문과형' 직무를 시작하려는 이들에게 조금이나마 도움이 되고 싶은 '간절함' 때문이었습니다. 팬데믹 시대를 거치며 우리는 비대면의 부자연스러움을 자연스럽게 느낄 수 있게 한층 더 진화했고, IT 산업은 더욱 큰 관심을 받았으며, 이 산업에서 첫 시작을 꿈꾸는 이들의 수요가 기하급수적으로 폭발했습니다. 이로 인해 업무의 성격이 다른 직종보다 확실하고도 명확한 '개발자'라는 직종이 가장 큰 관심을 받았습니다. 수많은 부트캠프 프로그램이 생겨났으며 전직은 가속화되었습니다. 개발자가 산업을 구성하는 직무의 표준이 된 것 같은 느낌도 들었습니다. 개발자가 될 수 없다면 굳이 IT 산업을 선택하지 않고 포기하는 경우도 많다는 생각도 들었습니다.

뻔한 이야기지만 어떤 산업의 어떤 서비스일지라도 세상에 나오기까지는 수많은 구성원의 노력이 들어갑니다. 그들이 하는 일은 서로의 존재를 알 수 없을 정도로 천차만별입니다. 그 속에는 이과형과 문과형 직군이 포함되어 있습니다. 그리고 그들의 머리와 가슴이 만나 최고의 기술을 합작해 최고의 상품을 만들어냅니다. 이처럼 어떤 전문성을 가지고 있든 모든 산업에는 이과와 문과 모두의 노고가 필요합니다. 그래도 여전히 특별한 기술이 필요한 산업군, 특히 그중에서도 IT 계열을 생각할 때 많은 분들이 이과형 직군만을 생각합니다. 하지만 의외로 많은 문과형 인재들이 IT 계열에서 그들만의 특별한 재능을 발휘합니다. 무엇보다 스스로도 굉장히 보잘것없다고 생각했던 제가, 요즘 말로 '문송('문과라서 죄송합니다'를 뜻하는 신조어)' 시대에 200% 문과형 머리로 성장한 제가 IT 계열에서 일을 하고 있다는 사실이 여러분에게 자신감을 북돋아 준다면 그만한 기쁨도 없을 것 같습니다.

결국 이 책은 '대단히 보통의 젊은이'가 무대포로 IT 회사에 도전해 너끈하게 적응한 그 치열한 과정을 담은 것입니다. 저는 지극히 배경도, 지식도, 능력도 평범합니다. 제가 제 능력을 이렇게 솔직히 말씀드리는 이유는 그만큼 저와 같은 문과형의 평범한 인물들이 모두가 다 어디서든, 특히 극강의 IT 계열사들만 촘촘히 모여 있는 판교에서 일을 시작하고 살아남을 수 있다는 것을 강조하기 위함입니다. 조금은 부족해도 읽는 이에게 자신감을 부여해줄 수 있다면 글을 쓰는 목표를 어느 정도 달성했다고 할 수 있을 것 같습니다. 이토록 보통인 이야기를 선뜻 선택해준 독자들에게 감사함을 표하고 싶습니다. 그럼 존경하는 여러분 잘 부탁드립니다.

일과 인생에 수많은 인사이트를 주신 리더님, 멋진 문장으로 만들어주신 편집자님, 평범한 직장인에게 뜻깊은 기회를 준 플랜비디자인에 큰 감사의 말씀을 드립니다.

박영내

chapter

1

'삶'이라는
수납 상자

첫 번째 챕터에서는 기획자로 일을 시작하기까지의 과정을 담았습니다. 어떤 마음가짐으로 이과생들이 득시글거리는 판교에서 일을 시작했고, 어떤 전략으로 준비했는지 저의 개인적인 경험을 바탕으로 작성했습니다. 한마디로 삶의 과정을 정리하고 수납하여 보여주는 방법에 대한 이야기입니다. 당연히 제 이야기가 정답은 아닙니다. 또 어느 곳에서는 통하지 않을 수도 있겠지요. 그저 보통 사람의 관점 중의 하나라고 생각하시고 읽어 주시길 바랍니다.

그럼에도 여전히
문과는 필요하다

불편함이 존재하지 않은 세상을
상상한 적 있나요?

자본주의에서는 기본적으로 더 큰 '효율성'을 이끌어내는 것이 기업의 목표입니다. 보다 짧은 시간에 더 많은 양을 생산하거나, 시장에 존재하는 여러 비효율성을 찾아내 효율적으로 전환한 사람에게 부가 돌아가게 되죠. 바로 인터넷 세상이 그렇습니다. 여러 곳에 존재하는 정보를 보기 쉽게 묶어서 제공하면 사용자가 수고스럽게 찾아야 할 비효율성이 제거되고, 효율성을 제공한 대가로 부를 얻습니다. 요약하자면 우리가 무언가를 '수고스럽게' 하고 있다면 이것은 '비효율성'이 되고, '편하게' 한다면 '효율성'

이 됩니다.

즉, 더 이상의 효율성이 필요 없다는 사실은 이 이상으로는 편안함을 추구할 수 없다는 의미이기도 합니다. 사실 이런 세상이 도래하기는 힘들 것 같습니다. 효율성은 기본적으로 절대적인 개념이 아니기 때문입니다. 효율성은 투입한 시간이나 리소스에 대비해 산출되는 효과가 얼마나 되는지 측정한 것입니다. 효율성을 1단계, 2단계 이런 식으로 나눠서 투입한 시간 대비 산출물을 측정한 것이 아니죠. 그러니 한마디로 끝이 없습니다. 기술이 발전하고 단위 시간당 생산할 수 있는 생산량이 늘어나면, 우리가 생각하는 효율성의 기준도 자연스레 변화하게 됩니다. 편해지자고 작정하면 무한대로 편해질 수 있습니다.

챗 GPT와 같은 AI가 아무리 진보한다고 해도, 우리가 바라는 편한 세상은 절대 오지 않을 겁니다. 우리는 어딘가에서 반드시 불편함을 느낄 것이고, 누군가는 그것을 바로잡아 부를 축적하기 위해 노력할 것입니다. 인간의 만족은 끝이 없을 테니까요. 기업은 바로 이 구조에 적극적으로 참여하고 있는 단체입니다. 기업 활동과 그 속에서 일하는 우리의 역할은 여러 방면으로 정의할 수 있겠지만, 저는 '불편함(비효율성)'을 제거하는 경제적 행위에 동참하는 것이라고 생각합니다. 저마다의 기술을 가지고 세상의 존재하는 불편함을 모조리 없애고, 그 대가를 얻기 위해 시장에 뛰어든 것이죠.

대한민국에서는 이러한 참여자들의 배경을 보통 두 개로 쪼갭니다. '문과와 이과'입니다. 문·이과가 통합되었기에 앞으로는 이런 분류가 의미가 없을 것 같지만 일단 현재는 그렇습니다. 세상은 인문과학, 사회과학을 공부한 이들과 자연과학, 수학을 공부한 이들을 나눕니다.

이과형 업무는 보통 불편함을 제거할 수 있는 제품, 서비스, 프로세스 등을 직접 만드는 역할을 담당하게 됩니다. 코딩을 하고, 공정을 개선하는 역할을 직접 수행하게 되죠. 높은 진입장벽이 있고, 실제 눈에 보이는 제품을 만들어내는 역할을 담당하기에 사회 전반적으로 이과를 동경합니다.

반면에, 문과의 전문성은 상대적으로 인정받지 못하는 편입니다. 효율성을 직접 제거할 수 없기 때문입니다. 오죽하면 "문송합니다(문과라서 죄송합니다)."가 한때의 트렌드가 되었을까요. 제품 생산을 실제적으로 보여줄 수 없는 인문학, 사회과학적 소양이 크게 인정을 못 받은 것입니다. 필연적으로 회사는 제품을 직접 생산하는 쪽에 사람이 많이 필요합니다. 이에 반해 문과의 필요성은 더 적어지고, 전문성은 상대 우위를 가지지 못하기 때문에 문과를 전공한 사람들, 소위 뼛속까지 문과인 문과인(人)들은 위축되었습니다.

그렇다면, 정말 모든 기업은 불편함을 직접 제거할 수 있는 사람만 필요할까요? 당연히 아닙니다. 불편함을 제거하기 전에 선행되어야 할 것이 있습니다. 바로 불편함이 무엇인지 정의하는 것입니다. 정말 뛰어난 개발자, 생산자들은 사회의 불편함을 직접 찾아서 본인이 제거할 수 있겠지만, 보통 물리적인 시간이 부족할 것입니다. 이미 정의된 불편함을 제거하는 것만으로도 벅차기 때문이지요.

세상의 불편함이 무엇인지 정의하는 문과인의 역할

세상에는 수도 없이 많은 불편들이 있습니다. 그리고 이런 불편함을 제거해줄 수많은 이과생이 있죠. 불편함을 제거하기 위해서는 '도대체 무엇이 어디에 불편하고 어떻게 편리하게 바꿔야 하는가?'를 고민할 사람이 필요합니다. 바로 이 역할은 주로 문과생들이 수행합니다. 우리가 많은 시간을 들여 공부한 사회의 문화, 철학, 종교, 정치, 경제적 문제들 그리고 이것을 언어로 정의하는 능력이 바로 문과의 최강점이죠. 이들은 세상을 조금 더 넓은 시야로 바라봅니다. 지엽적이고 미시적인 시각에서 벗어나 광범위한 스케일의 사고로 거시적인 미래를 그려냅니다.

다만, 단순히 전공이 그래왔다는 사실로는 이 능력을 증명할 수 없습니다. 모든 일이 그렇지만, 관심만 있다면 모두 전문성을 가질 수 있습니다. 세상의 불편함을 발견하는 것도, 그리고 그것을 정의하는 것도 관심이 있는 사람이 있다면 노력을 통해 수행할 수 있습니다. 그러니 문과를 전공했다는 사실이 중요한 것이 아니라, '내가 문과적 역할을 잘 수행할 능력이 있는지'가 중요한 것이죠.

문과의 역할은 언급했듯이 '불편함을 정의하는 것'에 있습니다. 실제 업무라면, 1. 불편함을 정의하고, 2. 보기 좋게 정리하여 설득하는 것으로 이루어질 것입니다. 1번이 '사회적 통찰력'이라면, 2번은 '커뮤니케이션 능력'이겠죠. 즉, 필연적으로 세상을 바라보는 남다른 시각과 소통 능력이 필요합니다. 이를 입증하지 못한다면, 계속해서 문송할 수밖에 없습니다.

직무의 영역에 따라서 차이는 있겠지만, 문과의 역할은 이러한 정의에서 크게 벗어나지 않습니다. 서비스 기획자는 사람들이 느끼는 세상의 불편함을 서비스 영역에서 어떻게 풀지 정의할 것이고, 마케터는 사람들이 좋은 서비스가 있는지 잘 몰라서 느끼는 불편함을 정의해, 좋은 서비스를 보다 쉽게 접하도록 마케팅할 것입니다. 산업군이 어느 곳이라고 해도 크게 달라지지는 않을 것입니다.

문과로 살아남겠다고 결심하는 것은 결국, 그다지 티가 나지 않는, 생색도 내기 힘든 "'간접적인' 불편 제거 역할에 행복함을 느낄 수 있는가?"라는 질문에 "네"라고 대답하는 것입니다. 직접 개발을 해서 효율성을 만드는 것이 더 행복하겠다는 판단이 든다면, 사실 문과적인 업무로 살아남고 싶다는 의지가 크게 생기지 않을 것입니다. 직접 나서서 해결할 수 없다는 한계에 부딪혀 오히려 좌절감만 지속해서 남게 되겠죠. 말로 설득이 안 되면 "더러워서 내가 한다."보다, "다른 문제를 이야기해 볼까?" 혹은 "말을 바꿔볼까?"라는 생각이 들어야 비로소 진정한 문과생의 자세입니다.

아마 이 책을 집으신 분들은 인터넷 산업에서 문과로 일을 시작하기 위해 무엇부터 해야 할지 궁금한 것이 많으실 거라 생각됩니다. 앞으로 나아가기 전에, 이과생이 득실거리는 판교에서 살아남고 싶은 흥미가 있는지에 대해서 먼저 정의해 보셨으면 좋겠습니다.

한마디로 **끊임없이 불편함을 느끼고, 끊임없이 설득하는 것이 즐거운지** 말이죠.

이에 즐겁다는 진심이 있다면, 필연적으로 증명될 것입니다.

진심에
진심일뿐

판교에서 문과로 살아 남아보겠다는 의지를 가지셨다면, 쓸데없이 이과인의 재능을 조금이라도 배워볼 생각은 일찌감치 접어두고 문과적 소양에 집중해 이를 입증해야 합니다. 그래야 시작을 할 수 있죠. 가장 좋은 것은 직접 본인이 관련된 역할을 해 보는 것입니다. 직접 세상의 문제를 정의하고, 이를 해결할 서비스를 기획하여 산출물을 내보는 것이죠. 마음이 맞는 친구들과 해볼 수도 있고, 온라인 교육이나 학원에서 경험해 볼 수 있습니다.

그런데 아쉽게도, 우리는 이러한 직접적인 경험 없이 경쟁 시장에 참여하게 될 가능성이 높습니다. 과거의 나는 '미래에 이러한 일을 시작하겠다'고 생각하지 못하는 경우가 다반사입니다. 그럼에도 저는 무조건 도전부터 하고 봐야 한다는 생각을 가지고 있습니다. 더 나이 먹기 전에 좋아하는 일을 찾을 생각이라면 이제는 서둘러 이력서와 자기소개서부터 준비해야 합니다.

앞서 문과의 역할이라고 하면, 결국 '1. 불편함을 정의하고, 2. 보기 좋게 정리하여 설득하는 것'이라고 말씀드렸는데요. 누구든 이러한 경험이 한번은 있을 것 같습니다.

저는 자기소개서에 어필할 경험을 찾다가 어렸을 적 컴퓨터를 고치던 것을 떠올렸습니다. 어렸을 때 게임을 너무 하고 싶었는데 집에 있는 컴퓨터의 사양이 상당히 낮았습니다. 제대로 된 구동을 할 수가 없어 고민 끝에 돈 한 푼 안 들이고 사양을 올릴 방법이 없나 찾아봤습니다. 그러다 우연히 '연필 신공'이라는 것을 발견했습니다. CPU의 특정 위치에 연필로 색칠을 하면 사양이 올라간다는 것이었습니다. 실제로 도전을 해 봤는데 성공적이었죠. 이러한 경험을 친구들에게 말한 후, 그들의 컴퓨터에 '같은 짓'을 하고, 자연스레 조립을 배우게 되어 컴퓨터 조립도 해줬습니다. 조립 후 남는 제품을 받아서 용산에서 팔기도 하고, 제 컴퓨터에 넣기도 하면서 자연스럽게 사양을 올릴 수 있었습니다.

사실 이런 경험은 특별하지 않습니다. 하지만 나름대로 사양이 낮아 게임을 할 수 없던 불편함과 해결책을 정의했고, 이를 친구들에게 말하며 제 능력을 설파했습니다.

누구든 이런 경험은 한 번쯤 해 봤을 겁니다. 아르바이트를 하다가 메뉴판의 순서를 조정하여 잘 보이게 했거나, 사람들에게 도움이 되는 블로그 글을 써봤거나 하는 행동들말입니다. 이는 형식만 다르지 '누군가의 불편함을 해결한 경험'입니다. 바로 이것들을 찾아내면 됩니다. 누군가는 경험의 질이 다소 볼품없다고 하실 수도 있을 것 같은데요. 제 생각은 조금 다릅니다. 저 역시 겨우 연필 한 자루로 불편함을 해소했으니 말이죠.

솔직함의 호소력은 따를 자가 없다

사람들은 잘 보이고 싶으면 무겁게 힘을 주기 마련입니다. 하지만 막판에 기억에 남는 것은 의외로 가벼움입니다. 세상은 결국 상대적이어서 모두가 A급이 되려고 하는 곳에서는 오히려 B급이 눈에 띄기도 합니다. 그렇다고 C급이 되어서는 안 되겠지요. 기억에 남는 능력이 중요한 것이지, 기억에 남는 무능력이 되어서는 안 되는 겁니다. 가벼움이 과하면 무능력이 됩니다.

적절할 가벼움으로 환기시키기 위해 필요한 것은 바로 '솔직함'입니다. 너무나도 무겁고 진중한 세상에서 모두가 하는 것처럼 과하게 자신을 어필하지도 않고, 그렇다고 과하게 튀어 보이지 않는 '솔직 담백함'이 일을 시작하는 사람들에게 적절한 독특함을 제공합니다. 특히 본인이 겪었던 경험이 일의 본질과 맞닿아 있다면, 아주 매력적인 솔직함이 됩니다.

오히려 정량적으로는 매우 그럴듯하게 '있어 보이는' 경험이 실제로 보면, 크게 와닿지 않는 경우가 많습니다. 일의 본질을 건드리지 않기 때문이지요. 변화를 이끌어서 불편함을 해소하고, 커뮤니케이션한 경험이 궁금한 사람들에게, 단순히 결과적 자랑을 늘어놓는 것이 바로 이런 경우입니다. 그 결과 속에 그 사람의 태도와 마음, 자세가 보이지 않기 때문입니다.

자신의 능력을 입증할 때 나의 능력을 궁금해하고 질문하는 사람의 의도가 무엇인지, 그리고 내 역할의 본질이 무엇인지 파악했다면, 나의 솔직한 경험으로 자신을 어필해야 합니다. 단순 경험을 늘리는 것이 능사는 아닙니다.

무례함
덜어내기[*]

그토록 좋아 보이는 '솔직함'이라는 단어에도 함정은 있습니다. 솔직함의 과잉은 불편함을 초래한다는 사실입니다. 이 말은 '솔직한 마음을 표현하는 것이 중요하다'는 저의 말에 항상 따라붙습니다. 가장 단편적으로 "왜 우리 회사에 지원했는가?"라는 질문에 정말 솔직하게 답변해야 한다면 "연봉이 높아서입니다."라고 대답할 것입니다. 이것이 가장 본질적인 솔직함이죠.

그런데 솔직함이 과하면 불편함을 초래한다는 말에 대해 꽤 오랫동안 명쾌한 논리적 반격을 하지 못했습니다. 솔직함에도 위계가 있다는 무의식적인 마음이 있었지만, 이 마음의 추론을 정확

* 김소연, 『마음사전』 〈솔직함과 정직함(p200~201)〉

한 말로 표현해내지 못했기 때문입니다. 비교적 저의 생각에 가깝게 표현을 하자면, 솔직함은 매력과 정비례하는 관계를 가지고 있으나, 불편함과도 정비례하는 관계를 가진다고 생각합니다. 솔직함이 과도하게 증가하는 경우 필연적으로 불편함을 낳게 된다는 것이죠. 마치 '쇼미더머니'의 경연을 보면서 퍼포먼스에 속된 말로 '쩐다'는 구호를 외치며 열광함과 동시에, 그들을 허세라 칭하며 불편함을 느끼는 사람들이 있는 것처럼 말이죠. 누군가는 '솔직함'을 좋아할 수 있겠지만 어딘가 모를 찝찝함을 느끼는 사람들이 많아진다는 점도 분명한 사실인 듯 보입니다.

더불어, 그것이 회사를 상대하는 일이라면, 그 임계치는 더 낮아지는 것 같습니다. 보다 덜 솔직한 것이 더 매력적으로 느껴질 수 있는 것이죠. 일로 만난 사이라는 것이 인간관계에 진입장벽을 형성하는 것입니다. 자유로운 영혼을 가진 사람이라는 것은 맥락을 읽지 못하고, 전문성이 없다고 느껴지기도 합니다. 그렇기에 회사라면 조금은 솔직함을 덜어낼 필요가 있는 것 같습니다. 다른 사람들이 불편함을 느끼기 전까지만 솔직하자는 의미입니다.

사회적으로 솔직함이 과도하면 이를 무례함으로 칭하는 것 같기도 합니다. 그러니 솔직함에서 무례함만 덜어내 보자는 겁니다. '과도한 솔직함 – 무례함 = 정직함'이 될 겁니다. 이런 공식은 영어의 표현에서 비롯된 것인데요. '솔직함'을 뜻하는 영어 단어는 두 가지가 있는데 'Frank'와 'Honest'입니다. 두 개의 뉘앙스는 약간 다르죠. Frank가 '있는 그대로의 솔직함'이라면, Honest는 '선을 지키는 솔직함'입니다. 이를 한국어로는 솔직함과 정직함이라고 번역하죠. 어느 정도의 솔직함이라는 건 참 애매합니다. 수학처럼 정확한 답이 있는 것이 아니라서 어떤 것이 무례한지 아닌지 딱 자르기는 어렵습니다. 솔직하지만, 선을 넘지 않은 정직함. 저는 제가 선택한 방법론이 있습니다.

시작은 솔직하게 마무리는 정직하게

앞서 질문으로 돌아가 보겠습니다. "왜 우리 회사에 지원했는가?"라는 물음에 솔직하게 시작합니다. "돈 벌려고 지원했습니다." 누가 봐도 무례해 보일 수 있는 답변입니다.

그럼 이 문장을 정직함으로 바꾸기 위해서는 어떻게 해야 할까요? 돈을 벌기 위한 수많은 요소들 중에 '왜 이 회사라는 수단이 필요했냐'를 생각하는 겁니다. 회사의 브랜드가 유명해서, 처우가 좋다고 느껴져서, 미래 지향적이어서 등, 솔직하지만 무례하지 않은 답은 많습니다. 나의 양심에 비추어 거짓은 아니지만, 무례하지 않은 것들을 선택합니다.

회사 측과의 대화가 정직해야 한다는 것은 관습적인 것입니다. 최초의 회사 규정을 만드는 사람이 "솔직한 것은 좋으나 우리 선은 넘지 말고 정직까지만 지킵시다." 하고 A4 용지에 인쇄한 것도 아닙니다. 회사에서 이 선을 넘으면 불편하게 느껴진다고 서로 간에 통념으로만 정한 것이죠. 그래서 어떤 곳에서는 선을 넘는 솔직함이 표준이 될 수도 있습니다. 오히려 너무 선을 지키려는 모습이 다소 팍팍한 사람이나 에너지가 없는 사람이라는 느낌을 가져올 수도 있기 때문입니다.

모든 룰은 회사라는 작은 사회의 문화를 따릅니다. 어느 곳에도 가장 표준화된 기준은 없습니다. 다만, 적어도 '첫 만남'이라면 조금은 보수적인 정직함의 잣대를 대보자는 겁니다. 가식의 탈을 쓰자는 것도 아니고, 무례할 수 있는 일부만 떼어내는 것입니다. 불편하지 않을 정도만 말이죠.

약간의 그럴듯함이라는
MSG 첨가

우리에게는 마음으로 느끼는 '감정'이 있고, 감정을 겉으로 드러낼 '표현 수단'이 있습니다. 어떤 회사에서 일하고 싶다는 '감정'이 있다면, 그 마음을 표현하는 언어는 셀 수도 없습니다. 먼저 감정을 살펴봅니다. 회사 측이 나에게 한 질문에 대해서 솔직한 감정을 찾는 것이 첫 번째라면, 내 감정이 그들에게 '진짜'로 와닿게 표현하는 것이 두 번째 단계입니다. 사실 취업 시장에서 절박한 감정은 누구나 비슷합니다. 이 뻔하디뻔한 감정들을 독특하게 표현하는 방식이 차이를 만듭니다.

이것이 문과의 역량을 보여주는 하나의 큰 무기입니다. 설득에 있어 표현의 형식은 너무나 중요합니다. 이 능력을 증명하기 위해 저는 보통 두 가지 방식의 잔머리를 굴립니다.

감정에 구체성 더하기 vs.
익숙하지 않은 단어 수집하기

지금의 회사에 입사하기 전, '왜 이 일이 하고 싶냐?'는 물음에 저는 '사용자의 트래픽이 올라가는 것을 보는 것이 좋다'고 답했습니다. 이전에 마케팅 회사에서 인턴을 했던 적이 있었는데, 그곳에서 광고를 보고 홈페이지 방문자가 늘어날 때 기분이 좋았기 때문입니다. 내 생각에 공감을 해주는 것 같아 흥이 났던 것이죠. 저는 이런 속마음을 표현하기 위해 '좋음'이라는 감정을 쪼개서 구체성을 더했습니다.

감정을 쪼개 나가는 방법은 감정의 역사를 거슬러 올라가는 과정이라고 생각합니다. 트래픽이 올라가는 것을 보며 좋은 감정을 느끼기까지 어떤 과정을 거쳤는지 생각해 보는 것이죠.

처음에 이 일을 시작했을 때, 저는 **막막함**을 느꼈던 것 같습니다. 사실 홈페이지의 배너 하나로 어떤 큰 개선 효과를 가지기는 어려울 것이라 생각했죠. 디자이너와 여러 가지 문구, 그림을 테스트하며 시안을 가져갔고 팀에서 승인을 받았습니다. 이를 보고하는 과정에서는 **긴장감**을 느꼈습니다. 시안을 교체하고 다음 날 실제 트래픽을 확인하기까지는 **설렘**을 느꼈습니다. 조금이나마 효과가 있지는 않을까 하는 것이었죠. 실제로 조금의 개선이 이루어졌을 때 비로소 행복함을 느끼게 되었습니다. 그러니 나열해 보면 "막막했고 긴장했지만 그럼에도 설렜고 비로소 행복했다."입니다.

우리는 마지막에 느낀 '행복' 때문에 지원을 했다고 이야기하지만 이 감정을 느끼기까지 많은 변동이 있었습니다. 이 서사를 설명해주지 않는다면 회사 측에서는 진심을 느끼기 어렵습니다. 그러니까 수만 가지 '좋음' 중에 어떤 것인지 구체적으로 말을 해주는 것이죠.

또 다른 잔기술은 익숙하지 않은 단어를 수집하는 것입니다. 이 역시 저의 경험을 빗대서 말씀드리겠습니다. 회사 측에서 '제가 가지고 있는 능력이 무엇이냐'고 물어보았을 때 저는 '경청'이라 전했습니다. 사실 이 단어는 자기계발서에 숱하게 나오는 흔한 단어입니다. 그래서 저는 '경청'을 달리 표현했습니다. 제가 쓴 표현은 "타인의 말을 잘 듣고 공부합니다."였습니다. 같은 메시지지만 늘 쓰는 단어가 아닌 익숙하지 않은 단어로 교체했습니다.

동의어를 교체하는 방법에는 여러 가지가 있을 것입니다. 단순히 사전에서 같은 뜻을 가진 단어를 찾아 교체할 수도 있습니다. 매번 떠오르는 대안 중 나름 최선이라 생각하는 것을 선택하지만, 그 단어를 찾아가는 방법은 크게 다르지 않았던 것 같습니다. 해당 행동 혹은 말을 한 근원을 찾아 함축하는 것입니다. 제가 잘 듣는 것을 저의 능력이라고 말한 이유는 '경청'이 단순히 소통의 필수 요소이기 때문은 아닙니다. 말하는 이에게 공감을 주어 원활한 소통을 하도록 하기 위함도 있을 것이고, 그들의 말을 틀림없이 이해하기 위함도 있을 것입니다. 듣는 것이 능력이라 말할 정도라면 저는 타인의 말을 듣고 잘 익히는 정도가 되어야 한다고 생각했고, 그래서 '공부'라는 단어를 썼습니다.

솔직한 나의 감정이 발가벗겨진 듯 미약하게 느껴진다면, 우리는 감정의 주인으로 옷을 입혀줄 수 있습니다. 감정을 바꿀 필요도 없고, 거짓말을 할 필요도 없습니다. 세상에 존재하는 몇 가지 언어를 좀 더 세세하게 말해주거나 잘 사용하지 않는 말을 해주는 것으로 우리는 조금 더 그럴 듯한 사람이 됩니다.

첫 대면을 위한
네 가지 전략

모든 서류 작업이 마무리되고 합격도 했다면 이제는 면접을 준비해야 합니다. 요즘에는 면접도 한 번에 끝나는 것이 아닌 수차례 진행하는 것이 당연한 듯 보입니다. 준비하는 과정도 사람에 따라 정말 다양합니다. 어떤 분은 스터디를 하며 서로에게 질문을 하기도 하고, 어떤 분은 과거 해당 기업의 질문 사례를 찾아 답을 다 준비하고 외우기도 하죠. 이 역시 정답은 모르겠지만, 저는 크게 네가지 테마를 나눠 준비했습니다.

1. 자기소개
2. 나에 대한 이해도 질문
3. 직무에 대한 이해도 질문

4. 회사에 대한 이해도 질문

먼저, 자기소개입니다. 면접장에 들어가면 자기소개는 필수입니다. 이때 자기소개서에 쓴 내용을 기반으로 자신을 함축적으로 강력하게 표현해주어야 합니다. 그중에서도 업무에 도움이 될 요소를 꼽아 말해야 합니다. 친구들이 평소에 나에게 하는 말도 힌트가 될 수 있습니다. 저는 너무 강박적으로 살아서 "그러다 일찍 죽는다."는 말을 자주 들어서 이를 바탕으로 짧은 자기소개를 준비했던 기억이 있습니다.

그다음은 내가 쓴 이력서와 자기소개서, 포트폴리오를 뜯어보고 질문을 예측해 보았습니다. 왜 이렇게 생각했는지 끊임없이 반문하고 계속해서 토를 달아보는 겁니다. 가령 내가 지원하게 된 동기가 다른 직무에는 적용이 되지는 않는지, 그럼에도 왜 이 일이어야 하는지 계속해서 반문하고 탄탄한 논리를 갖추는 것입니다.

나에 대한 파악이 끝났다면 이제는 해당 직무에 대한 예상 질문을 생각합니다. 업무의 프로세스를 예상해 보고, 어떤 점에서 내가 강점이 있을지, 그리고 약점이 있다면 어떻게 극복하겠다고 할지 예상 답변을 짜 봅니다. 제가 선택한 직무는 '기획자'였기 때문에 커뮤니케이션이 많이 필요할 것이라는 건 예상하기 쉬웠고, 설득력을 발휘할 나름의 방안과 빈약한 경험을 이겨낼 방안을 생각해 봤습니다.

마지막은 회사에 대한 이해입니다. 이 부분을 정말 열심히 준비했던 기억이 납니다. 지원한 회사에 대한 '찐 애정'을 보여줄 수 있기 때문입니다. 내가 개선하고 싶은 구체적인 서비스를 정하고, 어떻게 개선할지 방안을 생각해 보았습니다. 또, 대외적인 이슈 사항에 대한 논리를 구성했죠. 서비스에 대한 실제 경험을 최대한 많이, 자세하게 쌓는 것도 빼놓지 않았습니다.

정말 내가 어떤 회사의 서비스를 빛내기 위해 일하고 싶은 마음이 있다면, 그 서비스에 대해서 이해하는 과정에 오랜 시간을 쏟아야 합니다. 내가 이 서비스로 해결하고 싶은 세상의 불편함, 비효율성은 무엇일지 오랜 고민을 해야 합니다. 또 나름의 문서를 작성해서 제안해 보는 것도 좋습니다.

번지르르한 말은 누구나 할 수 있지만, 애정을 가지고 상세하게 준비한 답변은 분명 차이를 만듭니다. 누구나 할 수 있는 간편한 답변만으로는 재능을 드러낼 수 없습니다. 다른 부분에 시간을 조금 덜 쏟더라도, 지원하는 회사에 대한 애정을 피력하고 준비하는 부분에 많은 시간을 할애한다면, 회사는 그 진심을 반드시 받아들일 것입니다.

chapter

2

할 수 있는
일을 합니다

두 번째 챕터에서는 IT 회사의 기획자들이 일반적으로 활용해야 하는 기술적 소양에 대해서 다룰 것입니다. 아마 '서비스 기획자'를 떠올리면 가장 많이 상상하는 일일 것입니다. 기획에 관련된 내용은 시중에 좋은 강의와 전문적인 도서도 많을 것입니다. 저는 최대한 쉬운 단어로 가볍게 이해하는 것에 초점을 맞춰보려고 합니다.

판교 진입을 위한
가장 낮은 장벽 허물기

'서비스 기획자'의 업무에 대해서 더 자세하게 말씀드리기 전에 인터넷 서비스가 어떻게 굴러가는지를 먼저 알려드려야 할 것 같습니다. 저는 철저히 문과인이기 때문에 IT 계열만 이해할 수 있는 용어나 개발 지식을 사용하지는 않을 겁니다. 사실 우리 같은 문과인이 판교 진입을 두려워하는 가장 큰 이유는 '그들만의 외계어 같은 용어'입니다. 같은 종의 인류라고 보기 힘들 정도의 난해한 단어와 표기들이 많아 시작도 하기 전에 겁부터 먹기 일쑤지요. 이처럼 IT 업무에 처음 진입할 때면 문과인들은 항상 진입장벽을 느낍니다. 사실 요즘에는 인터넷 검색 몇 번이면 용어의 정의는 쉽게 알 수 있습니다. 하지만 설명이 불친절해 흥미를 붙일 새도 없이 페이지를 닫아 버리게 됩니다.

사실 기획자를 하거나 PM으로 일하는 데 있어 개발자 수준으로 코드를 읽어야 하거나, 컴퓨터 언어를 반드시 알고 있어야 하는 것은 아닙니다. 그보다는 사용자의 감정을 이해하고 이를 해결하려는 논리 구조를 만들고 설득하는 것이 더 중요합니다. 그리고 어느 정도 필요한 지식은 자연스레 습득이 되기도 합니다. 그래서 지금부터는 개괄적으로 컴퓨터와 휴대폰이 수많은 사람들과 소통되기까지 어떤 개발 과정을 거치는지 정말 필수적인 것만 말씀드리겠습니다. 지극히 문과적으로 설명드릴 것이니, 이미 아는 지식이라는 생각이 드신다면 과감히 넘어가셔도 됩니다.

인류 최대의 위대한 발명품, 컴퓨터

현대 사회의 가장 위대한 발명품이라고 할 수 있는 컴퓨터부터 시작해 보겠습니다. 컴퓨터는 여러 복잡한 기술의 복합체이지만, 다른 것들은 차치하고 업무를 할 때 알아야 할 것은 네 가지 정도에 지나지 않습니다.

컴퓨터는 기본적으로 기계가 할 수 있는 일에 대해서는 나보다 똑똑해야 합니다. 가장 단순하게 계산을 맡겨본다고 해 봅시다. 계산기 앱을 켜서 공책에 한 줄, 한 줄 적어서 계산하기 힘든 긴 숫자의 곱하기를 입력했습니다. 순식간에 결과를 알려주었고, 숫

자를 드래그해서 ctrl+c를 눌러서 복사했습니다. 구해야 될 결과
들이 몇 가지 더 있어서 복사한 것을 메모장에 붙여 넣어두고 이
작업을 반복했습니다. 그리고 파일을 저장했지요. 컴퓨터는 이렇
게 귀찮은 계산들을 순식간에 마무리합니다.

　이때 컴퓨터 안에서 나의 명령에 따라 계산을 해준 부품이 바
로 'CPU^Central Processing Unit'입니다. CPU는 계산을 담당합니다. 실제
예시도 계산으로 말씀드렸지만, 이 계산에는 훨씬 더 복잡한 것
들이 포함됩니다. 흔히 CPU를 '컴퓨터의 뇌'라고 표현하는 이유
가 바로 복잡한 계산이나 업무를 처리하기 때문입니다. CPU는
어떤 작업을 해달라고 했을 때 그 작업을 실제로 진행해주는 녀
석입니다. 그래서 컴퓨터 사양을 말할 때 가장 먼저 언급되는 것
이 바로 CPU지요. 더 높은 사양의 CPU를 쓸수록 빠른 시간에 더
많은 계산을 할 수 있게 되어 효율성이 높아집니다.

　앞선 수행에서 우리는 계산을 하고 결과를 잠시 복사해 두는
과정을 거쳤습니다. 이때 이 역할을 하는 부품을 'RAM^Random Access
Memory'이라고 합니다. '임시 저장소' 같은 곳입니다.

　우리가 일상생활을 할 때 모든 정보를 항상 두꺼운 책으로 정
리해서 필요할 때마다 찾아서 봐야 한다면 정말 불편할 것입니
다. 이럴 때 메모장이 필요하죠. 급하게 받아 적어야 하는 정보가
있다면 수첩에 대강 휘갈겨 정리를 하고 이를 다시 집에 가서 노

트에 본격적으로 정리하고는 하는데, 이때 수첩 같은 역할을 하는 것이 바로 RAM입니다. 잠시 스쳐간 나의 지식 저장소인 것이죠. 그리고 최종적인 장기 저장소는 바로 'HARD DISK'라고 합니다.

자, 정리해 봅시다.

컴퓨터의 CPU에서 계산을 하고 RAM에 잠시 기억했다가 HARD DISK에 장기 보관한다.

물론 컴퓨터가 작동할 때는 복잡한 다른 여러 가지 장비들이 있지만, 이 이상의 지식은 크게 필요하지 않다고 과감히 말씀드립니다. 이러한 장비를 제작하거나 내부에 깊이 관여하셔야 하는 분들은 알아야 하겠지만, 문과생인 저희는 개괄적인 그림만 그리면 되니까요.

이외에 많이 들어 보셨을 단어 중에 'OS Operating System'이라는 것이 있는데요. 이 역시 정말 간단하게 말씀드리면 기계와 사람 간의 통역사 같은 역할을 합니다. Windows, MAC, iOS, Android 등 다양한 OS들이 있는데요. OS가 없다면 앞서 말한 부품들은 그냥 쇳덩이에 지나지 않게 됩니다. 우리가 아무리 키보드로 입력을 한들 우리의 말을 알아먹을 수가 없으니까요. 이러한 저희 행동을 기계가 이해할 수 있도록 중간에서 해석해주는 것이 'OS'입니다.

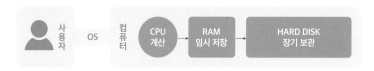

[그림 1-1] **컴퓨터의 구조**

그림으로 살펴보니 너무나 간단합니다. 그럼 일을 할 때 이러한 용어들이 가장 자주 나오는 경우는 언제일까요? 때에 따라 다르겠지만 보통 아래와 같은 문장들이 나오는 경우입니다.

CPU: DB CPU가 100% 사용 중입니다, 조금만 더 트래픽이 늘어나면 장애 우려가 있어요.

RAM: 메모리가 full로 사용 중이에요. 장비가 내려갈 수도 있어요.

HARD DISK: 데이터 센터에 이슈가 생겨서 일부 데이터 유실이 우려됩니다.

이 문장들만 딱 봐도 무언가 문제가 생긴 것처럼 보입니다. 하지만 걱정할 필요는 없습니다. '그저 무언가 꽉 차서 더 이상 진행을 하면 안되겠구나…' 정도만 생각하면 됩니다. 아무리 이과적인 학문에 문외한이라도 이 정도는 이해할 수 있습니다.

개발자가 아니라면 아마 접하실 언어의 비중은 이 정도가 될 것입니다. 깊게 이해하실 필요는 없습니다. 저도 빠삭하게 아는 건 없습니다. 그저 대강의 느낌을 알 뿐입니다.

저 문장들을 보면 저는 '아, 계산을 다 하지 못하고 있구나. 임시 저장소가 꽉 찼구나, 장기 보관소에 문제가 생겨서 고객 데이터가 이러다 사라질 수도 있겠구나.' 정도로 이해합니다.

하지만 반드시 아셔야 할 것은 세 경우 전부 경중을 따질 수 없는 '위급 상황'이라는 것입니다. 혹시 이런 문장을 보거나 들으신다면 '아, 심각한 상황이구나, 이유는 무엇이구나.'라고 인지를 하는 것만으로도 큰 도움이 될 것입니다.

요청하고 답을 주는 주객 관계, 서버와 클라이언트

사실 우리가 컴퓨터에게 계산만 시켰다면 여러 복잡한 서비스를 기획할 일은 없을 것입니다. 집에서 혼자 쓰는 프로그램들은 더 복잡한 사용성을 요구하지 않습니다. 타자기의 역할만 해서 인쇄해주거나, 복잡한 계산만 대신해주면 되는 것이죠. 하지만 우리는 컴퓨터를 겨우 이 정도의 용도로만 사용하지 않습니다. 컴퓨터의 효용의 가치는 인터넷에 있습니다. 컴퓨터를 쓰는 다른 사람들과 연결이 될 때 세상이 넓어지는 것이죠. 그 대상이 어떤 회사의 웹 쇼핑몰일 수도 있고, 혹은 친구의 컴퓨터일 수도 있습니다.

지금부터는 컴퓨터를 켜서 메신저 프로그램으로 친구와 메시지를 주고받는 상황을 한번 생각해 보겠습니다. 앱을 실행을 하고 친구 목록에서 원하는 친구를 골라서 메시지 방을 열고 메시지를 보냅니다.

이때 나와 내 친구의 컴퓨터는 어떻게 연결이 된 것일까요? 언뜻 보면 두 개의 컴퓨터가 보이지 않는 어떤 선을 통해 데이터를 주고받은 것으로 보이지만, 이 과정은 나와 내 친구라는 클라이언트에게 서버가 데이터를 내려준 형태가 됩니다.

자, 친구 목록을 보여주는 것부터 시작해 보겠습니다. 친구 목록은 과연 내 컴퓨터에 저장되어 있는 정보일까요? 아닙니다. 휴대폰 연락처 목록이라면 모르지만, 대부분의 메신저 프로그램은 이러한 정보가 프로그램의 '서버'라는 장소에 보관되어 있습니다. 그래야 내가 어떤 곳의 컴퓨터에서 로그인을 하든 똑같은 친구 목록을 볼 수 있을테니까요.

그러면 친구에게 보낸 메시지는 어디로 갔을까요? 서버의 구조야 당연히 대단히 복잡하겠지만 굉장히 단순히 말하자면, 이 메시지도 '서버'로 가게 됩니다. 서버에서는 이 메시지를 내 친구의 앱으로 보내줍니다. 서버는 중간에서 이렇게 정보를 받아서 뿌려주는 역할을 하게 됩니다.

그리고 이렇게 서버에 정보를 달라고 하거나 저장했다가 보내주라고 하는 등의 요청을 하는 곳이 바로 '클라이언트'입니다. 즉, 이런 경우는 앱이 클라이언트인 것입니다. 앱은 필요한 정보를 보여줄 수 있는 뼈대를 만들어 놓고 정보의 이동은 서버에서 담당하는데요. 마치 서버에 계속 의뢰를 하고 요청을 하는 고객의 입장처럼 보여 '클라이언트(고객)'라는 이름으로 불리는 것입니다.

오해하지 마셔야 할 것은 서버 역시도 CPU가 있고, RAM이 있고, HARD DISK가 있는 컴퓨터라는 겁니다. 내 컴퓨터가 중앙에 엄청 큰 컴퓨터에게 전달하고, 다시 내 친구 컴퓨터로 돌아오게 되는 것이죠. 그럼 업무를 할 때 우리가 어떤 식으로 서버와 클라이언트를 접하는지 보겠습니다.

CS팀: 이 문제는 iOS에서도 WEB에서도 보고가 되었어요. 확인이 필요할 것 같아요.

기획자: 흠… 여러 '클라이언트'에서 공통으로 발생했군요. 그럼 '서버' 확인이 필요하겠어요.

서버 개발자: 네, 저희 쪽에서 한 번 체크해 보겠습니다. 그래도 클라이언트 개발도 한 번 확인해주세요.

WEB 개발자/iOS 개발자: 네, 알겠습니다.

앞서 제가 앱이 클라이언트의 입장이라고 말씀을 드렸는데요. 동일하게 앱이라는 상을 차려 놓고 정보를 받기 위해 기다리는 쪽은 전부 클라이언트입니다. Windows 앱도, 아이폰 앱도 모두 클라이언트입니다. 개념상 약간의 차이가 있기는 하나, 일단 화면을 보여주고 정보를 기다리는 Web은 통상적으로 '클라이언트'로 불립니다. 회사의 조직도 상에서 Front End^{FE}라고 불리는 개발 조직이죠.

위의 사례를 보면 모든 이슈가 클라이언트에서 발생한 것으로 보이는데요. 이러면 보통 서버에서 문제가 발생했을 가능성이 높습니다.

클라이언트는 각 환경에서 따로 제작되는데요. 아이폰에 있는 앱과 안드로이드에 있는 앱을 따로 따로 만듭니다. 반면에 여러 환경에서 호출하는 서버는 모두 동일합니다. 아이폰 앱도, 안드로이드 앱도 모두 같은 서버에 요청을 하는 것이죠. 이렇게 각기 다른 환경인데, 이슈 현상이 동일하다고 하면 서버 이슈일 환경이 높은 것입니다. 모든 환경에 공통적으로 속해 있기 때문이죠. 그래서 위 사례에서 서버를 먼저 확인한 것이고, 혹여 모든 클라이언트에서 비슷한 방식으로 앱이 만들어져 발생했을 가능성도 있으니 체크를 부탁한 것입니다.

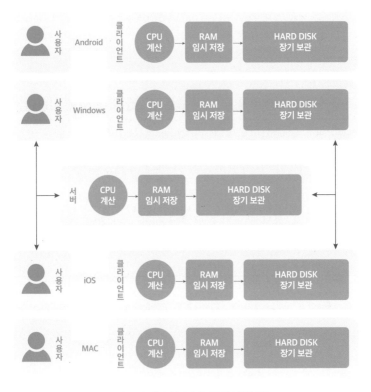

[그림 1-2] 서버와 클라이언트의 연결 구조

지금까지의 구조를 그림으로 요약하면 [그림 1-2]와 같습니다. 서버에 컴퓨터가 있는데 이 컴퓨터는 아무래도 사용자 한 명의 컴퓨터보다는 클 것입니다. 각 사용자는 동일한 서비스를 각기 다른 OS에서 사용할 것이고, 서로의 정보 전달은 이 서버를 통해서 이루어집니다. 내가 필요한 정보도, 내가 보내야 할 정보도 서버를 통해서 이루어지게 되는 것이죠. 결국 모든 사용자들이 쓰는 환경은 클라이언트가 됩니다. 사실 위의 그림에서 조금 단순화하기 위해 통일한 것이 있는데요. 모든 OS에서 CPU, RAM 등이 구분된 것으로 표현했는데, 요즘 모바일 기기는 AP^{Application Processor*}라는 것을 사용합니다. 하나의 칩에 RAM과 저장장치가 모두 통합된 형태이지요. 그래도 앞서 말한 컴퓨터의 큰 구조가 없는 것은 아니기 때문에 일단 동일하게 표현해 놓았습니다.

서버와 클라이언트 간의 약속 증서, API

사실 컴퓨터, 클라이언트, 서버 정도만 알아도 일하실 때 크게 무리는 없습니다. 우리는 서비스를 개발해야 하는 입장은 아니니까요. 서비스가 굴러가는 큰 기본 구조만 알면 됩니다. 그래도

---

* 세아향 - SK하이닉스 뉴스룸 〈CPU가 아니라 모바일 AP라 불리는 이유?〉

API의 대략적인 개념 정도까지 알면 매우 수월해질 것이란 생각이 들어 이 부분은 정리해 드리려고 합니다. **API**는 'Application Programming Interface'의 줄임말로 운영체제와 응용프로그램 사이의 통신에 사용되는 언어나 메시지 형식을 말합니다. 좀 더 쉽게 이야기해 보겠습니다.

우리는 이제 클라이언트에서 정보가 필요하다고 하면 서버에서 주고, 클라이언트에서 정보를 주면 서버에서 받는다는 것을 알았습니다. 그런데 위에서 살펴보았듯이 정보를 보내고 받는 환경은 정말 다양합니다. 또 모든 환경의 개발자가 한 명인 것도 아니죠. 회사의 조직 구조에 따라 다르겠지만, 보통 자신이 전문으로 하는 OS 분야가 있고 담당 개발자는 하나 혹은 두 개 정도의 OS를 담당합니다. 혹은 PC 담당자는 PC만, 모바일 담당자는 모바일만 담당하고는 하죠. 그런데 만약 각각의 클라이언트 개발자들이 각자의 방식으로 정보를 달라고 하면 어떻게 될까요? 이런 식으로 말이죠.

"저는 친구 목록을 줄 때 이름하고 닉네임만 주세요."
"저는 친구의 상태도 같이 주세요."

이럴 경우 서버 담당자들은 너무 힘들 것입니다. 각 환경에 맞춰서 매번 각기 다른 정보를 줘야 하기 때문이죠. 이런 문제를 해결하기 위해 필요한 것이 'API'입니다. API는 서버 담당자와 클라이언트 간의 일종의 약속입니다.

> "클라이언트에서 이렇게 정보를 달라고 요청하면, 서버에서는 이렇게 드리겠습니다."

이렇게 규약을 만들고 개발자들끼리 확인할 수 있게 문서화를 하고 이에 맞춰서 코딩을 합니다. 이른바 '명세서'를 만드는 것이죠. 각각의 기능별로 이러한 API를 만들고 통일된 정보 교환 구조를 갖추게 되는데, 이 과정에서 보이는 대화는 보통 아래와 같을 것입니다.

클라이언트 개발자: 이 기능은 저희 기존 API로 해결이 안 될 것 같아요, 새 API가 필요합니다.

기획자: 아, 새로운 제작이 필요하시군요. 기존에 비슷한 기능이 있는데 사용이 불가한가요?

클라이언트 개발자: 네, 비슷한 것 같지만 약간의 로직이 다릅니다. 새롭게 제작이 필요합니다.

기획자: 그럼 공수가 많이 들어갈 것 같은데요. 기존 API 몇 개를 조합하는 것으로 해결이 안 될까요?

클라이언트 개발자: 그건 확인이 필요할 것 같네요. 공수를 줄이기 위해서 저희 기존 API 조합으로 구현이 가능할지 한 번 더 살펴보겠습니다.

API는 서로의 약속이고, 각각의 기능을 위해 구현되기 때문에 특정 기능을 만드는 데 최적화되어 있는 경우가 많습니다. 하지만, 서비스가 발전을 하다 보면 여러 API를 조합해 하나의 기능을 다시 구현을 할 수도 있습니다. 원래는 단순히 나의 친구를 전부 보여주는 API였는데, 메시지 보내기 API와 조합하니, 친구 목록에서 바로 메시지를 보내는 기능이 작동되는 식이죠. 약속이 여러 개 생기면 이 약속들을 조합해 새로운 약속을 만들면서 서비스는 점차 더 복잡해지고 지능적으로 진화하게 됩니다. 최종적으로 매우 간략하게 그려낸 서비스의 개발 구조는 [그림 1-3]과 같을 것입니다.

그림과 같은 기본적인 구조를 갖추면 이제 업무가 시작됩니다. 어떤 경우에는 클라이언트의 수정에 대응해야 하는 기능을 기획할 수도 있고, 어떤 경우에는 모든 클라이언트 및 서버가 대응해야 하는 기능을 기획해야 할 수도 있죠. 또한, 서버에서 업데이트가 되면 별도의 사용자 공지가 필요하지 않겠지만, 클라이언트에서 배포가 된다면 이는 반드시 사용자에게 알려야 합니다. 서버

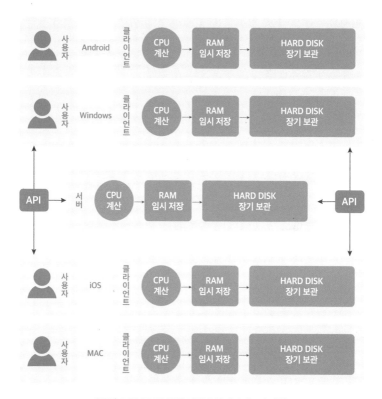

[그림 1-3] **API를 통한 서버와 클라이언트의 연결**

는 사용자와 직접 맞닿아 있지 않은 곳에서 변경을 하지만, 클라이언트는 사용자가 직접 보고 조종하는 부분이기 때문입니다. 이것이 바로 우리가 서버 배포 버전은 잘 모르지만, 클라이언트 배포 버전은 공지 사항 등으로 잘 인지할 수 있는 이유입니다.

어찌 보면 단순하지만 가장 필수적이면서 기본적인 인터넷 서비스 구조를 알았다는 것은 우리 같은 문과인들이 판교로 들어가기 위한 매우 낮은 진입장벽 하나를 허물었다는 뜻입니다. 나머지 기획자의 기술적인 요소들도 있지만 대부분이 이러한 서비스의 큰 틀에서 시작된다고 보시면 됩니다.

일류 기업의 컴퓨터를 내 손안에, SaaS

물론 여기까지만 알아도 큰 무리는 없지만 추가적으로 알아 두었더니 조금은 더 도움이 되었던 기술적 지식들을 몇 줄 더 적어 보려고 합니다. 바로 SaaS^{Software-as-a-Service}(이하 사스)인데요. 요즘 들어서 하도 주목받는 기술이라 말씀을 드리는 편이 좋을 것 같습니다.

요즘은 구독형 서비스를 이용하시는 분들이 정말 많은데요. SaaS를 아주 쉽게 정리하자면, 이런 구독형 서비스라고 생각하시면 됩니다. 예전에는 어떤 자료가 필요할 때 컴퓨터에 다운로드해서 사용했습니다. 마이크로소프트의 오피스 프로그램을 다운로드해서 설치하고 cd key를 인증받아 평생 사용하거나, 영화나 드라마를 포인트로 결제한 뒤 다운로드해 컴퓨터에서 재생하는 것이죠. 기본적으로 이런 다운로드형 프로그램에 반하여 나온 것이 SaaS입니다. 앱을 설치하는 것은 선택사항이고, 매달 자신이 지불한 금액에 맞춰 이용권이 나오고, 그에 맞춘 최신 업데이트 자료와 유지 보수 등이 제공됩니다. 크롬 같은 인터넷 브라우저를 통해서도 서비스를 이용할 수 있고, 앱은 뼈대만 갖춰 놓고 API를 통해 서버와 알맹이를 주고받기도 합니다. 예전처럼 알맹이까지 내 컴퓨터에 한번에 다 설치하지 않는 것입니다. 프로그램까지 다 설치하고 매번 신규 업데이트를 위해 직접 찾아가서 다시 구매하는 기존의 방식이 비용도 많이 들고 유지도 어려워 새롭게 설계된 방식이 바로 SaaS입니다.

이는 클라우드에 기반을 둔 서비스이기도 한데요. 이 역시 어렵게 생각하지 마시고, '기업의 컴퓨터를 일부 빌려서 쓴다.'라고 생각하시면 됩니다. 매달 일정 금액을 지불하고 서비스를 제공해주는 기업의 컴퓨터 속의 파일을 스트리밍으로 보는 것이죠. 이런 개념이 확장되면서 구글의 'chrome book'(이하 크롬북) 같은 것도 나왔습니다. 내 컴퓨터는 단순 키보드와 마우스, 그리고 인터넷 브라우저를 구동하는 역할만 하고 실질적인 서비스들은 기업의 페이지에 로그인하여 할당받은 만큼 빌려 쓰는 겁니다. 이런 기능에는 앞서 말한 서버와 클라이언트 간의 연동이 핵심 요소가 됩니다. 클라이언트에서 한번 설치하면 끝나는 것이 아니기 때문입니다.

예쁜 쓰레기를 구별하는 UX/UI

지금까지 우리는 뼛속까지 문과인 우리들이 외계어를 남발할 것 같은 개발자들과 대화할 때 알면 좋은 지식들을 다뤘는데요. 사실 엄밀히 따지고 보면 기획자는 디자이너와 가장 많은 시간을 함께 합니다. 개발이 진행되기 전까지 가장 많이 논의를 해야 하는 대상은 다름 아닌 디자이너입니다. 이분들의 말은 대부분 크게 이해하기 어렵지 않은 편입니다. 보통 버튼이나 화면 구성 요소들의 모양새를 말하는데, 직관적으로 표현해서 검색하면 쉽게 알 수 있는 단어들도 많습니다.

그럼에도 저는 개인적으로 오랜 시간 이해하기 어려웠던 개념이 한 가지 있었습니다. 'UX와 UI'입니다. 'UX User Experience'는 '사용자 경험'이고, 'UI User Interface'는 '사용자가 컴퓨터와 상호 작용하는 시스템'을 말합니다. 같은 화면을 놓고도 회의 때 어떤 순간에는 'UX'라고 말하고, 어떤 순간에는 'UI'라고 말하는 것이 잘 이해가 가지 않았습니다. 인터넷을 찾아보아도 쉽사리 이해시켜주는 글도 없었죠.

여러 자료를 찾아보고 제가 가장 간편하게 한 줄로 정리한 개념은 'UI는 모양이고, UX는 감정이다.'입니다. 예를 들어 서비스를 딱 봤을 때는 예쁜데 실제로 사용해 보면 그렇지 않은 경우가 있습니다. 보기에는 예쁜데 쓰니까 불편한 것이죠. 이때 우리는

"아, UI는 예쁜데 UX가 영…."이라고 말합니다. 눈에 보이는 모양 자체가 UI라면 그것을 쓰는 사용자의 경험이 UX가 되는 것이죠.

개발자들은 보통 UI로만 말씀을 하시고, UX는 보통 기획자와 디자이너가 고민하는 경우가 많습니다. 사용자 경험을 화면상에 구현해내는 일을 개발자가 담당하는데, 이때 UX보다는 "내가 구현하고 있는 화면이 맞게 그려졌나"가 궁금하기 때문이죠.

같은 UI를 어디에 배치하는가에 따라 UX가 달라진다는 말도 자주 합니다. 더 쉽게 말하자면 '버튼(UI)이 여기 있으니까 되게 불편하다(UX)' 등으로 표현하는 것이죠. 이 두 개념은 따로 떨어뜨려 놓을 수 없는 개념이기 때문에 보통은 소통 과정에서 묶어서 표현하고는 하는데요. 그래도 일반적인 개념을 이해하시면 이것을 분리하여 사용하시는 분들의 말을 조금 더 쉽게 이해하실 수 있을 듯합니다.

기획과 운영 사이
양다리 걸치기

자, 지금부터는 본격적으로 IT 서비스의 기획자에 대한 이야기를 시작하려 합니다.

어느 회사에나 있는 '기획' 직무는 종종 회사의 '브레인'으로 불리고는 합니다. 흔히 '새로운 것'을 만들기 위한 창의적인 아이디어를 제시하기 때문이죠. 사업 기획, 마케팅 기획, 광고 기획 등 어떤 명사 뒤에 '기획'이라는 단어가 붙었다면 이는 보통 관련 업무에 관한 새로운 것을 제안하는 형태의 업무를 띄게 됩니다. 사업을 제안하고, 마케팅을 제안하고, 광고를 제안하는 것이죠. 뒤에 이어질 복잡한 여러 과정을 차치하고서라도 저는 가장 콤팩트하게 기획 직무를 요약한다면 '제안하는 일'이라고 정의하고 싶습니다. 어떤 일을 해야 한다는 당위성을 설명하고 실행 계획을 명확히 하여 누군가를 대상으로 사업을 제안하는 것이죠. '서비스 기획자'는 결국 우리의 서비스가 추가할 기능이나 개선 사항을 제안할 수 있는 사람이 될 것입니다.

흔히 '기획'의 반대말처럼 쓰이는 것이 '운영'입니다. 기획은 마치 새로운 것과 동질적인 느낌을 갖게 되는데, 운영은 기존의 것과 동질적인 느낌을 갖기 때문입니다. 지금 있는 것을 잘 돌아가도록 유지하는 일이 운영입니다. 어찌 보면 조금은 지루하고 고된 일처럼 느껴져서인지 요즘 IT 회사를 입사하려는 분들에게는 다소 선호도가 떨어지는 것 같습니다. 어딘지 모르게 고정화되고 딱딱한 이미지가 느껴지기 때문이기도 합니다.

그런데, 사실 모든 일이라는 것은 그렇게 고착화되지 않습니다. 운영을 하다가 기획을 하게 되고, 기획을 하다가 운영을 하기도 합니다. 보통 회사의 구성을 한 번 보겠습니다.

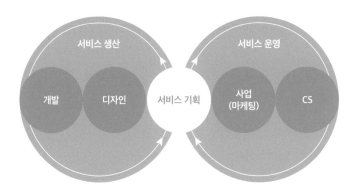

[그림 2-1] **조직 구조 간단 도식**

보통 회사는 서비스를 생산하는 쪽이 있고, 만들어진 서비스를 운영하는 쪽이 있습니다. 서비스를 생산하는 쪽에서는 말 그대로 서비스를 만드는 것에 집중합니다. 설계를 하고 그에 맞춰 디자인을 하고, 이를 코드로 옮겨 실제로 구동되는 서비스를 만드는 작업이죠. 반면, 운영하는 쪽에서는 이러한 서비스를 바탕으로 시장에서 먹힐 메시지를 만듭니다. 이를 효과적으로 홍보할 매체를 고르고 광고를 운영하기도 하며, 이렇게 운영되는 서비스에 대한 사용자의 목소리를 듣고 대응을 합니다.

기획 직무라 불리는 분들은 보통 이 중간의 접점에 있습니다. 디자이너와 개발자가 작업을 할 수 있도록 문서를 작성하기도 하고, 운영 쪽과 시장의 영향력에 대해서 논의를 주고받기도 합니다. CS에서 사용자의 불편한 목소리가 들어오면 이를 다시 생산 쪽의 언어로 바꿔 해결하기도 해야 하죠. 대표적인 커뮤니케이션을 간소화하면 아래와 같을 것입니다.

CS팀: 이번 기능이 모바일에서만 제공되어서 아쉽다는 의견이 들어왔어요.

사업팀: 흠, 이게 추가되면 사업의 소구 포인트가 될 수도 있을 것 같은데, 개발 가능할까요?

기획자: 네, 잠시만요. 개발자님, 일전에 이 기능이 PC에서는 클라

이언트 리소스가 충분치 않아서 진행하지 못했는데요, 다음 배포 버전에는 추가할 수 있을까요? 불가하다면 스펙 볼륨을 좀 줄여 보겠습니다.

개발자: 네, 가능할 것 같긴 한데요. 그러기 위해선 디자인과 마크업이 필요할 것 같은데요.

기획자: 네, 알겠습니다. 디자이너님, 이 기능이 기존에 없던 것이라 새롭게 가이드하고 마크업 진행이 필요할 것 같아요. 저희가 사용 중인 창 중에 비슷한 게 있긴 한데요. 이걸 수정하면 변경 범위를 최소화할 수 있을 것 같습니다.

디자이너: 네, 그렇네요. 이 화면을 활용해서 다시 가이드 드리겠습니다.

기획자: 감사합니다.

지금은 운영팀 사이드에서 제안이 먼저 들어왔지만, 반대로 개발자 사이드에서 제안이 들어오기도 합니다. 가령 "이것까지 지원은 불가합니다", "이건 다음 버전에 제공하면 어떨까요?" 등입니다. 이 때도 기획자는 그들의 요구 사항의 원인까지 이해해야 하고 이를 운영팀에 전달해줘야 합니다. 이해할 수 있도록 '쉽게' 말이죠. 결국 기획자는 중간 매개자로 양쪽에서 들어오는 여러 말들을 이해하고 전달해주는 역할을 하는 것입니다. 그래서 서비스 전반에 대해서 깊이는 아니더라도 어느 정도 얕게는 반드시 알고 있어야 합니다. 개발 지식도, 마케팅 현황도, 시장 점유율도, 디자인 용어도 단편적으로라도 숙지할 의무가 있습니다.

'기획자'로 명명되어 있을지라도 우리가 하는 일은 결코 새로운 것에 국한된 것은 아닙니다. 이미 있는 것을 더 잘 굴러가도록 대화를 중재하는 역할도 해야 합니다. 처음 기획자가 되고 나면 생각보다 이 작업이 더 많다는 것에 어려움을 느끼기도 합니다. 스타트업이 아닌 어느 정도 사업이 진행된 서비스라면 더욱 심할 것입니다. 아무래도 새롭게 해야 하는 일보다 이미 갖춰져 있는 서비스를 전달하는 부분이 훨씬 많을 것이니까요. 운영 사이드에서 발생할 수 있는 제안이나 문제점이 훨씬 많을 수밖에 없습니다.

그렇다면, 기획자가 정말 기획만 할 수는 없는 것일까요? 필연적으로 이는 불가능하다고 생각하고 있습니다. 어쨌든 최초의 시작은 기획의 역할만 받아서 시작을 했다고 가정해 보겠습니다.

당신은 한 스케줄러 서비스의 기획자입니다. 일정을 등록하고 이에 맞춰 사용자에게 알림과 함께 해야 할 일을 알려주는 서비스이죠. 그런데 사용자들이 가끔씩 잘못 설정된 시간에 오는 알림에 고통을 받고 있다는 사실을 알게 되었습니다. 혹은 설정할 시기에는 괜찮다고 생각했지만, 생활 리듬이 바뀌어 잠을 자고 있을 시간에 알림이 오게 되어 문제가 발생하고는 했죠. 그래서 취침 시간을 설정하고 그때 알림이 오면 이를 무시하도록 하는 기능을 기획했습니다. 설계를 하고, 디자인을 하고 개발까지 순조롭게 마무리되어 출시했습니다.

출시되고 시간이 지나자 또다시 여러 가지 불편 사항이 들어오기 시작했습니다. 출장을 갔던 한 사용자는 한국에서 지정한 시간이 해외에서도 계속 적용이 되었다고 불평을 했습니다. 매일 당직이 있는 한 사용자는 일자 별로 달라지는 근무 시간 때문에 알림이 오지 않아 해야 할 일을 놓치기도 했다고 하네요. 이러한 목소리를 취합하여 새로운 버전을 이끌어야 할 것 같습니다. 그런데 이 일은… 당연히 내가 해야 하겠죠…?

만약 누군가 "이 일을 도대체 누가 해야 하나?"라고 물어보면 누구든 "당연히 일을 처음에 시작한 사람이 마무리해야 하죠!"라고 말할 것입니다. 하지만 업무를 진행하다 보면 이는 불합리하다고 불평하게 됩니다. 의견을 취합하는 과정은 마치 기획이 아닌 것처럼 보이기 때문이죠. 기획은 처음 새로운 서비스를 만드는 것이지, 그 서비스가 잘 굴러가는지 조사하고 취합하여 전달하는 일은 관련이 없다고 판단하는 것입니다.

제 생각에 이 일은 어느 누군가만 담당해야 할 일이 아닙니다. 어떻게 보면 운영 사이드의 일로도 보이고, 어떻게 보면 사용자의 반응을 체크하는 것까지 기획의 일로도 보입니다. 이것이 '서비스 기획자'라고 불리는 직업의 모순인 것도 같습니다. 새로운 것을 맨땅에서 시작하지 않는다면, 기획자의 역할이 아닌 것처럼 여겨지는 것이죠. 지금은 그나마 처음부터 내가 기획한 기능에 대한 일이니 망정이지 만약 다른 사람이 기획한 일에 대하여 운영을 해야 한다고 하면 더더욱 반발심을 가지게 될 것입니다.

그럼에도 저는 단순히 '기획자'라는 이름에 취해 업무를 단정 짓는 것은 위험하다고 생각합니다.

매번 무 자르듯 업무의 경계선을 딱딱 잘라 버린다면 앞으로의 성장에 큰 장애물이 될 것입니다. 물론, 이 작업이 너무 많아져서 태초에 본업처럼 느껴졌던 기획의 역할이 전부 사라지게 된다면, 그때는 고민이 필요한 시점일 것이고, 업무를 조정해봐야 하겠죠. 하지만 위의 사례처럼 본인이 발의해 출시한 기능이라면 그 운영의 구심점도 분명 본인에게 있다고 생각합니다. 그러니 어떤 업무든 내 프로젝트 기획의 접점 가까이에 있다면 이 역시 기획자의 역할이라고 생각하셨으면 합니다.

운영이 기획만큼이나 중요한 이유는 사용자의 이야기를 가장 가까이에서 들으며 내 판단이 자칫 틀릴 수도 있다고 조언해주기 때문입니다. 엄청난 고민과 계획을 통해서 만들어낸 기능과 서비스일지라도 사용자의 사용성은 우리의 생각과는 차원이 다르게 흘러갑니다.

인터넷 사용자들의 사용성은 '브라운 운동'이라고 표현되기도 합니다. '브라운 운동'은 액체나 기체들이 불규칙하게 유동하는 현상을 말하는데요. 그만큼 사용자들은 우리가 기대한 규칙성과 상관없이 그저 각자의 불규칙한 모습으로 사용을 한다는 것이죠.

기획력이 성장한다는 것을 정의하기는 정말 어려운 문제입니다. 하지만, 확실히 이야기할 수 있는 것은 내 생각의 요소가 얼마나 포용적이냐에 따라 기획력은 무한히 성장 가능합니다. 기획을 할 때마다 사고의 범위가 좁은 뇌 속에 가로막혀 넓게 뻗어 나갈 수 없다면 정체된 상태의 산출물만 나올 것입니다. 그렇기 때문에 항상 사용자들의 반응을 보아야 하고, 이를 보다 효율적으로 하기 위해서 우리는 기획뿐 아니라, 운영의 역할도 어느 정도 할 수밖에 없는 것입니다. 산발적으로 들어오는 목소리들을 분류하고, 그 속에 숨은 문제 요소들을 서비스로 하나씩 해결하려는 시도까지, 이 모든 것이 기획자의 영역에 포함됩니다.

이런 문제 때문인지 몰라도 전통적으로 '기획의 업무'라고 칭해졌던 일들을 개념적으로 모호한 이름으로 바꿔 나가는 것 같습니다. 어느 곳에서는 기획자와 매니저를 구분하지 않고, PM^{Product}

Manager^{Manager} 으로 칭하기도 하고, 조금 더 상위의 직무로 PO^{Product Owner} 로 칭하는 것 같기도 합니다. 개념적으로 정하기에는 너무나 애매하고 어려워 수많은 정의와 이해가 존재하는 것 같습니다만, 제 생각에는 전통적 기획자 혹은 전통적 운영자의 역할을 조금 더 확장하려는 시도라고 보고 있습니다. 생산(기획)만 해서도 안 되고, 운영만 해서도 안 된다는 것이죠.

개발자나 디자이너도 마찬가지입니다. 이들 역시 정해진 틀에 맞춰 생산의 역할만 하는 것은 아닙니다. 좋은 개발자는 단순히 구동시키는 역할에 한정되지 않고, 보다 창의적으로 개발단의 설계를 효율적으로 가져가기 위한 아이디어를 생각합니다. 효율성을 증대하기 위해 일부 서비스 사용자에게 불편한 영향을 미칠 수 있다면, 이를 안고 개선을 하는 편이 좋다고 다른 이해 관계자를 설득하기도 하지요. 기획자의 역할을 개발 사이드에서 하는 것입니다.

좋은 디자이너 또한 사용자들의 지표를 찾아보기도 하고, 리뷰를 찾아보며 이를 화면상에서 개선할 수 있는 방안을 생각하고는 합니다. 모두 자신의 영역으로 칭해지는 것 이외의 곳에서 사용자의 관심을 얻기 위해 노력을 해야 하는 것이죠.

주어진 역할이 많아진다는 것은 결코 기분 좋은 상황은 아닙니다. 어딘가 모르게 회사 측 입장에 동조하는 것 같고, 결국 더 많은 업무를 하기 때문입니다. 그럼에도 '좋은', '훌륭한'이라는 수식어가 붙기 위해서는 우리의 역할을 한정해서는 안 될 겁니다.

오히려 이를 장점으로 보는 것도 좋은 생각의 전환입니다. IT 회사 속 문과의 직무가 이과인들보다 탁월할 수 있는 이유가 '특정 기술이 없다'는 것이라고 생각하는 겁니다. 아이러니하게 '특정 기술'이라는 명목으로 우리의 역할을 좁게 한정하려고 한다면, 오히려 점점 더 설 자리가 없어질 수도 있습니다. 그럴수록 다른 누군가로 대체할 가능성이 커지겠죠. 그러니 영역을 한정하지 않고, 기획이든 운영이든 내 직무의 이름이 무엇이든 확장해야 하는 것이 어쩌면 숙명처럼 받아들여야 하는 운명이지 않을까 생각합니다.

'경쟁자'라고 쓰고
'조력자'라고 읽는다

여러분은 새로운 것을 만들어야 할 때, 가장 먼저 무엇을 하십니까? 아이러니하게도 저는 남이 먼저 간 길을 봅니다. 세상에 존재하지 않았던, 완전히 새로운 것을 만들어내면 좋겠지만 아쉽게도 이는 불가능하기 때문이죠. 그래서 애초에 다른 경쟁사가 한 것을 보고 이를 타깃으로 정해 카운터 할 경우도 있고, 경쟁사가 내놓은 어떤 기능의 배경 속에 숨어 있는 의도를 우리만의 방식으로 풀어낼 수도 있습니다. 그런 점에서 우리는 경쟁자를 마치 또 다른 조력자, 혹은 동료라는 입장으로 대해야 합니다. 그들의 서비스를 살펴보며 도움을 얻기 때문이죠. 반대로 그들도 우리의 서비스를 살펴보며 유용한 정보를 얻고 있을지도 모릅니다. 그들의 입장에서도 우리 서비스는 새로운 것, 다른 것으로 가득 차 있을 테니까요. 이러한 선의의 경쟁 구도에서 서로 개선을 하며 서비스는 보다 진보하며 안정성을 갖게 됩니다. 이것이 바로 소위 '벤치마킹'이라 불리는 업무가 중요한 이유입니다. 내가 어떤 기획을 시작할 때 계속해서 막히던 곳을 한방에 뚫는 속 시원한 해결책을 경쟁자의 기술에서 찾아내기도 합니다.

저는 이를 베끼는 것으로 폄하하고 싶지 않습니다. 카피 캣^{Copy}은 의도가 아예 다르기 때문이죠. 아예 동일한 것을 모방해서 우리 서비스에 장착시키겠다는 것이 아닌, 그들이 해당 기능을 통해 얻은 이득을 판단해 보고 우리 서비스에 맞게 적절하게 소화시키겠다는 것입니다. 내가 풀어내고 싶은 문제를 다른 쪽에서는 어떻게 풀어냈는지 추론하는 것이기도 합니다. 즉, 중요한 것은 경쟁자의 화면과 디자인이 아니라, 기능을 해석한 '배경과 풀이'인 것입니다.

저는 벤치마킹을 대할 때 크게 두 가지 큰 방향으로 다가갑니다. 1. 하나의 '기능'을 벤치마킹하거나, 2. 하나의 '서비스'를 벤치마킹하는 것입니다. 기능을 벤치마킹하는 경우는 기능 단위로 새롭게 추가해야 할 것이 있거나, 매우 자세한 문제의식을 풀어낸 서비스를 찾아낼 때입니다. 반면, 서비스를 벤치마킹하는 것은 신규 경쟁 서비스가 출시되거나, 경쟁 서비스가 갑자기 캐릭터를 전환했을 때 그 의도를 파악하기 위함입니다.

먼저 기능 단위의 벤치마킹을 진행하는 과정에 대해서 말씀드려 보겠습니다.

기능 단위의 벤치마킹 시 유의할 점

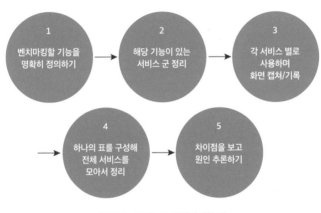

[그림 3-1] **기능을 벤치마킹할 때**

1. 어떤 '기능'을 벤치마킹할 것인지 명확하게 정의합니다.

이 과정을 뛰어넘는 경우가 많은데, 이렇게 되면 나중에 벤치마킹을 하고도 "내가 왜 이 기능을 선택했지?"라며 막막함에 휩싸일 수 있습니다. 그러니 벤치마킹을 하기 전에 과연 어떤 기능을 벤치마킹할 것인지 매우 간결하고 명확하게 몇 줄로 정의해야 합니다. 예를 들어 저는 블로그에 글을 쓰다 보니 '브런치' 서비스를 이용하고 있는데요. 내가 브런치의 기획자라고 생각하고 타 서비스의 '인용' 기능을 벤치마킹한다고 생각해 보겠습니다.

인용 기능은 타인의 말이나 혹은 나의 말을 강조해야 할 때 쓰는 기능입니다. 이때 '인용 기능을 벤치마킹한다.'로 시작하는 것이 아닙니다. 이러면 나의 벤치마킹 목적이 너무 협소해져 인용 기능과 완벽하게 일치하는 기능만을 우선적으로 찾게 됩니다. 또한 타 서비스가 이 기능을 도입하게 된 배경과 왜 이렇게 풀었는지에 대한 이해가 소홀해질 가능성이 높습니다. 그래서 이때는 '사용자가 특정 문장을 강조할 수 있게 하거나, 참조한 문장을 확대하여 보여주도록 한다.'로 정의를 해야 하죠. 이렇게 해야 비슷한 의도를 가진 여러 서비스의 기능을 발견할 수 있습니다. 간결하게 정의를 하되, 처음부터 생각의 폭을 너무 작게 갈 필요는 없는 것이죠. 목표는 베끼는 것이 아니니까요.

2. 목표로 삼은 기능이 있을 경쟁 서비스를 찾아야 합니다.

먼저 네이버 블로그, 티스토리, tumblr 등 여러 블로그 업체를 떠올릴 겁니다. 이렇게 여러 서비스 군을 정리할 때는 반드시 내가 '써볼 수 있는 것'으로 나열해야 합니다. 어떤 경우는 여러 기능이 있어서 포함했는데, 알고 보니 해당 기능만 유료라 사용하지 못하는 경우도 있습니다. 혹은 가입 과정에서 까다로운 요구사항 때문에 써보지 못하는 경우도 있죠. 반대로 제가 네이버 블로그의 기획자라고 했다면 브런치를 사용하지 못할 수도 있습니다. 가입 과정에서 '작가 신청 과정'이 필요한데 과거에 썼던 글을 바탕으로 자격 요건을 충족해야만 글을 써볼 수 있기 때문이죠.

이 단계에서 우리는 단순히 리스트를 정리하는 것이 아니라, 실제로 그 서비스에서 기능을 사용하기 직전까지 진행을 해야 합니다. 이 과정이 별 것 아닐 수도 있지만 우리는 이를 통해 아주 중요한 통찰을 발견할 수 있습니다. '어떤 서비스는 가입 조건이 까다롭다.', '어떤 서비스는 가입이 매우 간편하다.'라는 비교 우위를 판단할 수 있는 것이죠.

그렇다고 마냥 간편한 것이 좋은 것은 아닙니다. 이는 대상 타깃이 다르기 때문인데요. 위의 사례에서 브런치는 글쓴이의 자격에 진입 장벽을 만들어 보다 양질의 콘텐츠를 만들고 싶었던 의도가 있을 것입니다. 이와 반대로 모두에게 열려 있는 서비스는 콘텐츠의 질은 다소 낮아질 수 있지만, 정보의 양을 늘리는 데 중점을 두고 싶었을 것입니다.

결론적으로 브런치는 콘텐츠 자체로써 서비스의 경쟁력을 만들어 트래픽을 더 중요하게 본 것이고, 반면, 네이버 블로그는 다양한 콘텐츠들을 포털의 검색 결과와 연계시켜 전체 서비스가 최대한 많이 엮이는 것을 핵심으로 본 것입니다.

저의 분석이 정답은 아니겠지만 중요한 것은 이렇게 타깃을 제대로 알아야 실제 기능의 특징을 연계해 볼 수 있다는 것입니다.

어떤 곳에서는 너무나 많은 기능을 제공해 다소 복잡하지만 전문
가들을 위한 공간을 만든 것일 수도 있고, 또 어떤 곳에서는 정말
간소화된 기능을 제공해 수는 적지만 그 타깃이 일반적이기에 그
랬을 수도 있습니다. 바로 이 과정이 서비스를 가장 기초적으로
알아가는 단계입니다.

3. 서비스별로 사용해 볼 차례입니다.

사용할 때에는 꼭 화면을 캡처하고 기록해야 합니다. 아래와
같이 말입니다.

상단에서 바로 진입(네이버 블로그)

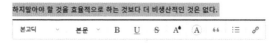

글을 먼저 쓰고 드래그해서 진입(브런치)

이유는 단순합니다. 쓸데없이 일을 두 번 하지 않기 위함입니
다. 너무 많은 서비스를 쓰다 보면 어느 지점에 가서는 도대체 이
서비스는 어떻게 진입하고 어떻게 이동했는지 기억이 안 날 때가
많습니다. 그러면 안타깝게도 처음부터 반복해 보고 결국에는 다
시 캡처를 하게 됩니다. 그러니 아예 한 번 할 때 잘 기록하면서

해야 하죠. 나중에 보아도 한번에 서비스의 기능 구현 방식이 생각나게끔 말입니다.

서비스를 이용하면서 무언가 새롭게 확인되는 느낌이 있다면 같이 기록을 하는 것이 좋습니다. '어디서 진입하는지 찾기가 어려워서 힘들었다'거나, '기대하는 모습이 아니라 아쉬웠던 점' 등을 기록하는 것이죠. 이때는 처음 사용할 당시의 느낌이 가장 좋습니다. 여러 번 사용하다 보면 경쟁사임에도 친숙함이 느껴질 때가 있기 때문이죠. 처음 진입할 때는 어려웠음에도, 반복하다 보니 너무나 자연스럽게 그 기능을 사용하게 되고 본인도 모르게 익숙해 용이하다고 여기게 되는 겁니다. 내가 진짜 실제 사용자의 입장을 대변하기 위해서는 다소 억지스럽더라도 블랙컨슈머가 되어 꼬투리를 잡아 보아야 합니다. 사용자는 매번 우리가 생각하는 방향과 다르게 생각합니다. 그 느낌들을 하나씩 기록해야 합니다.

4. 저는 항상 도표로 만들어 봅니다.

경쟁사 서비스의 기능을 여러 구분으로 나눠보고, 우리 서비스와 경쟁 서비스가 어떤 방식으로 제공되고 있는지 비교하며 표로 적어 봅니다. 이때 기능을 사용하는 흐름을 '단위'로 나눌 수도 있고, 기능에서 제공하는 '세부 요소'로 나눠 볼 수 있습니다. 이때 가장 중요한 것은 MECE^{Mutually Exclusive Collectively Exhaustive*}입니다. 상호 간에^{Mutually} 겹치지 않고^{Exclusive} 전체로서^{Collectively} 누락이 없도록^{Exhaustive} 하는 것입니다. 내가 조사한 기능을 기준에 따라 나눌 때, 기준 간 중복의 여지가 있어도 안 되고, 조사한 것들이 누락되어서도 안 되는 것이죠. 이는 빠짐 없이 확실하게 나누기 위함입니다.

앞선 '인용' 기능을 사례로 생각해 보겠습니다. 네이버 블로그에서는 문장이 선택되지 않아도 '인용' 기능의 진입이 가능하지만, 브런치에서는 문장을 드래그해야만 '인용' 기능의 진입이 가능합니다.

---

* Minto, Barbara.-McKinsey Alumni Center 〈MECE: "I invented it, so I get to say how to pronounce it".〉

정리를 할 때 인용 기능에 들어가서 '사용하는 과정'에만 집중하게 되면 이러한 속성을 누락하게 됩니다. 어떻게 진입했는지가 매우 중요한 차이가 될 수 있는데, 그 속성을 빼먹게 되는 것이죠. 반대로 '진입점'을 하나의 구분 요소로 잡아서 '네이버 블로그는 상단에서 바로 진입'하고, '브런치는 글을 먼저 쓰고 드래그해야 한다'고 적었는데, 다음 구분항목에서 이를 또 반복하는 실수도 생길 수 있습니다. 가령 구분 요소를 '사용 과정'이라고 하고 네이버 블로그는 상단에서 바로 진입해서 원하는 강조 표시를 찾아 넣고, 브런치는 드래그해서 진입하고 인용에서 원하는 강조 표시를 찾아서 넣는다고 쓰는 식이죠. 이렇게 되면 구분항목 간 중복이 발생합니다. 우리는 기능을 배타적인 항목으로 잘게 쪼개서 볼 수 있어야 합니다. 너무 모호하거나 확대된 구분항목을 적게 되면 정확한 비교가 어렵기 때문입니다. 1:1 비교가 아니라 3:2 등으로 식의 기울어진 비교가 되어서는 안되겠죠.

아래는 직접 작성해 본 벤치마킹 비교표 예시인데요. 기능을 사용하는 흐름보다 제공하고 있는 세부 요소에 맞춰서 정리를 해 보았습니다. 흐름은 거의 비슷하나 제공하고 있는 요소들의 차이가 더 두드러지게 나타난다고 생각했기 때문입니다. 다르게 분석할 분도 많을 것이고, 당연히 이보다 훌륭할 것입니다만 구분항목의 '중복'과 '누락'을 없애는 것을 중점으로 봐주시면 좋겠습니다.

	네이버 블로그	브런치
기능 수	6개	3개
진입점	텍스트 드래그 or 상단 글쓰기 메뉴	텍스트 드래그
드롭다운 버튼	○	×
따옴표	○	○
버티컬 라인	○	○
말풍선	○	○ (꼭지점 없는 사각형)
라인&따옴표	○	×
포스트잇	○	×
프레임	○	×

[표 3-1] '인용' 기능 비교

5. 본격적으로 이 차이점을 바탕으로 '왜 그랬는가' 추론해 봅니다.

어떤 곳에 기능이 부족하다면, 아마도 인력 문제로 보는 경향이 많은 것 같습니다. 필요한 모든 기능을 다 제공하는 것이 당연히 좋지만, 인력이 부족해 도입하지 못했다고 생각하는 것이죠. 하지만, 의도적인 경우도 많습니다. 서비스에 어울리지 않는다고 생각했을 수도 있고, 다른 기능에 비해서 우선순위가 떨어졌을 수 있습니다. 우리는 이때 다른 것이 우선하게 되었던 숨은 배경을 추론해 봐야 합니다.

위의 사례를 단편적으로 보면 네이버 블로그는 진입점도 더 많고, 더 많은 인용 기능을 제공하고 있습니다. 이에 비해 브런치는 그 수가 적고 진입점도 한정이 되어있죠. 이럴 때 단순히 브런치가 '더 추가할 항목이 많다. 부족한 기능을 보충해야 한다.'라고 생각하기보다 숨은 요인을 한 번 찾아보는 겁니다.

기능이 많고 모든 것을 다 준비해주면 어떤 장점이 있을까요? 콘텐츠 구성이 다양해질 것입니다. 사용자가 여러 가지 디자인을 구성할 수 있는 경우의 수가 많아지고, 다른 효과와 합쳐 자율성 있는 콘텐츠를 구성할 수 있습니다. 하지만 통일성이 떨어질 수 있습니다. 다양한 기능을 활용해서 여러 사람들이 다 저마다의 콘텐츠를 만들기 때문이죠. 또 사용자는 기능이 너무 다양한 탓에 무엇을 어떻게 할지 고민에 빠져서 오히려 복잡하다고 느낄 수도 있지요.

브런치의 입장에서는 반대로 이 단점이 장점이 될 것입니다. 사용자가 쓸 수 있는 디자인 요소를 잘 통제하면 여러 사람이 만드는 콘텐츠가 통일감 있게 유지됩니다. 실제 콘텐츠를 보러 오는 입장에서는 오롯이 글에 집중할 수 있게 되죠. 반면에 글을 쓰는 입장에서는 다양한 효과를 넣을 수 없다는 단점이 생기게 됩니다.

브런치에서는 제일 처음에 글을 쓰는 사람의 입장에서 '작가'라는 나름의 진입장벽을 부여한 것을 확인할 수 있었는데요. 아마도 단순 블로그나, 일기의 역할을 하는 것보다 양질의 글을 만들어내는 것이 목표이기 때문일 겁니다. 다양한 효과를 넣어 화려한 콘텐츠가 아닌 글 자체에 집중하게 하는 것이죠. 새로운 기능을 추가할 때에도 기존의 기능이 글의 통일성을 저해하는지의 여부가 큰 요소를 차지하게 되겠죠. 그런 관점이라면 저는 아마 새로운 디자인의 인용 방법을 추가하는 것보다 사용성을 일부 개선하는 정도로 고민할 듯합니다. 한눈에 보기 쉬운 진입점을 추가해주거나, 어떤 방식이 가능할지 쉽게 볼 수 있는 옵션 선택 버튼 등을 추가하는 것이죠.

사실 지금 추론한 모든 내용은 별 근거 없는 저의 상상일 뿐입니다. 제 의견이 타당한지는 내부 직원들만 알겠죠. 제가 이런 근거 없는 추론을 하는 이유는 벤치마킹을 한답시고 위와 같은 과정 없이 경쟁사에 있는 기능이니 우리도 넣어야 한다고 생각하는 분들이 생길 것을 우려해서입니다.

서비스의 방향이나 철학에 대한 고려 없이 무조건 베끼는 것이 능사는 아니라고 생각입니다. 그렇게 되면 결국 더 많은 직원을 동원해 더 많은 기능을 재빨리 넣는 서비스가 이긴다는 결론에 다다르게 됩니다. 우리 서비스의 배경과 방향, 경쟁 서비스의 숨은 의도를 한 번 더 짚어보는 과정이 벤치마킹의 본질적인 이유입니다.

서비스 벤치마킹 시 유의할 점

다음은 서비스를 벤치마킹하는 과정에 대해서 살펴보겠습니다. 기능과의 차이는 결국 '이 서비스가 무엇을 공략하기 위해 나왔는지' 알아본다는 점입니다. 정보를 찾아서 취합하는 과정에서 세부적인 차이만 있을 뿐 중요한 것은 알아낸 정보를 바탕으로 그들의 의도를 추론해 본다는 것이죠. 사실 서비스 전체를 볼 때는 이런 과정이 비교적 쉽습니다. 보도자료 등으로 속사정까지 꽤나 자세하게 알려주는 경우가 많기 때문입니다.

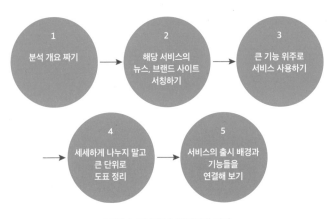

[그림 3-2] **서비스 벤치마킹 과정**

이는 앞서 진행한 기능 단위와 크게 다른 점이 없습니다. 어떻게 벤치마킹할지 계획을 정하고, 정보를 찾고 나름의 표를 만들어보고 숨은 의도를 추론하는 것이죠. 차이가 있다면 비교적 뉴스나 홍보 자료를 더 많이 이용한다는 점입니다. 서비스 단위의 브랜드 방향성은 이런 자료에서 더 잘 나오기 때문입니다.

1. 처음은 어떻게 분석해 나갈지 개요를 짜는 것으로 시작합니다.

맨 처음은 큰 틀을 정해 놓는 과정이 필요합니다. 서비스를 어떻게 분석할지 분류를 하는 것이죠. 매번 저는 거의 아래와 같은 항목으로 정리합니다. 서비스를 벤치마킹하는 이유에 따라서 분류는 추가될 수도, 빠질 수도 있습니다. 중요한 것은 어떤 것부터 찾아갈지 한 번 미리 생각을 해 보는 것입니다. 이 과정 없이 무턱대고 찾거나 사용하기 시작하면 멀쩡한 서비스도 산발적이라는 평을 받게 됩니다.

- 서비스 현황: 해당 서비스 관련 소식, 뉴스 등
- 콘셉트: 서비스의 브랜드 방향성
- 주 타깃: 서비스가 목표로 하는 사용자
- 서비스의 수익구조: 현재 혹은 미래의 수익원
- 제공 기능: 킬러 기능
- 실제 사용 후기(도표)
- 요약 or 결론

2. 서비스를 직접 쓰기 전에 여러 가지 주변 정보를 찾아봅니다.

우리가 분석하는 서비스는 기존 서비스가 아니라서 대략적인 캐릭터를 모를 가능성이 높습니다. 그러니 개괄적인 그림을 그려 봐야 합니다. 뉴스도 좋고, 서비스의 브랜드 사이트도 좋습니다. 그곳에는 의외로 각종 힌트들이 많습니다. 곳에 따라서는 대표님이 어떤 서비스를 표방하고 싶어 하는지, 누구를 타깃으로 하는지 등을 소상히 밝히기도 합니다. 또 브랜드 사이트에서 반복되는 특정 단어를 보면 이 서비스의 브랜딩 방식도 추론할 수 있습니다. 스타트업인 경우에는 투자사의 홈페이지를 보면 어떤 점에 주목해서 투자했는지 알 수 있습니다. 현재의 수익성인지, 미래의 기대 가치인지 등을 알 수 있죠. 이렇게 최대한 많이 수집하다 보면 각종 정보원들이 입을 모아 반복하고 있는 몇 가지 단어들이 있는데 바로 이것이 서비스의 방향성일 가능성이 높습니다.

3~4. 기능 단위 벤치마킹과 동일하게 도표로 만들어 봅니다.

서비스를 실제로 사용해 보고 중복과 누락 없이 도표로 정리하는 과정입니다. 이때 중요한 것은 기능 단위로 할 때와는 다르게 다소 '개괄적으로 정리'하는 것입니다. 하나의 서비스는 수많은 기능이 모여서 만들어지는데, 그중에는 힘을 줘서 나름의 '킬러' 기능으로 제공하는 것도 있고, 다소 힘을 약하게 줘서 필수 기능을 제공하기 위해서 추가된 것도 있습니다.

모든 기능을 세세하게 분석하면 진짜 중요한 기능을 누락하게 될 가능성이 높으니 앞서 찾아본 뉴스와 소개 페이지의 내용에서 중점이 되었던 기능을 우선으로 체크하는 것이 좋습니다. 그렇게 진행하다가 주목할 만한 특징이 있다면 그것만 세세하게 보는 것이죠. 우리는 그 서비스의 기획자가 되기 위함이 아니기 때문에 미시적으로 다가가지는 않아도 됩니다. 그보다는 큰 그림을 확실하게 그리는 것이 중요합니다.

5. 해당 서비스가 전면적으로 강조한 방향성과 기능의 연결 고리를 추론합니다.

쇼핑 서비스를 예로 들어 보겠습니다. 요즘 들어서는 조금 더 타깃을 축소하여 세분화된 니즈를 강조하는 서비스들이 많이 나오고 있습니다. 명품, 리셀 등 마니아들을 고려해 확실한 니즈를 충족시키려는 서비스가 늘어가는 것이죠. 이런 서비스들은 기능에서도 이를 강조합니다. 일반적인 의류 플랫폼이 상·하의, 신발 등 제품의 카테고리를 중심으로 첫 화면을 구성한다면, 브랜드별 분류를 우선적으로 보여주는 것이죠. 특정 브랜드를 찾아서 쇼핑을 하는 고객의 비율이 높기 때문입니다.

이처럼 서비스가 고객과 브랜딩을 바탕으로 기능을 어떻게 연결했는지 나름의 논리를 구성해 보는 것입니다. 서비스는 큰 관점에서 타깃 고객을 대상으로 그들의 니즈를 찾고, 이를 기능으로 풀어내게 됩니다. 우리가 취해야 할 것은 이 서비스가 어떻게 이 솔루션을 찾았는지 그 의도를 알아가는 것입니다. 단순한 기술 경쟁을 주목하는 것이 아닙니다.

동어반복 같지만, 경쟁자를 도우미로 생각해 선의의 이득을 취하기 위해서는 이러한 정성적인 분석이 가장 중요한 것 같습니다. 내가 풀고 싶은 의도가 보이지 않거나, 그 풀이법이 막막할 때 경쟁 서비스를 살펴보신다면 마치 소화제를 복용한 것처럼 속 시원한 해결책을 얻을 수 있을 것입니다.

생존을 위한
글쓰기

기획을 할 때 가장 많이 하는 작업은 '말을 하고 글을 쓰는 일'입니다. 글을 쓰는 대상도 정말 다양합니다. 기능 추가를 설득하기 위해 회사 내부에 글을 써야 할 때도 있고, 기능 추가 후 사용자에게 소개 문구를 작성하기도 합니다. 글을 쓰는 방식도 메일이나 메시지, 화면 속 텍스트 등 다양합니다. 그래서 저는 크게 두 개의 분야로 나눠서 글쓰기를 정리해 보려고 합니다.

첫 번째는 동료를 위한 글이고, 두 번째는 사용자를 위한 글입니다. 이 분야의 전문가는 세상에 차고 넘칠 것입니다. 지금까지의 제 의견은 늘 동일합니다. '이것이 우수하다.'가 아니라 '개인적인 관점을 소개한다.'의 관점으로 읽어 주시면 좋겠습니다.

동료를 위한 글쓰기

도입부에서 말씀드렸듯이 저는 첫 회사 생활을 광고 대행사에서 시작했습니다. 광고 대행사에서 10개월, 광고 매체사에서 6개월 정도를 보냈는데요. 광고계에서는 보통 제안서를 작성하거나, 광고주와 커뮤니케이션할 때 글을 씁니다. 이때 중요한 것은 바로 '힘주기'입니다. 광고주에게 잘 보여야 하기에 같은 지표도 신경 써야 하고, 예상 성과도 더욱 화려하게 표현해야 하죠. 을은 항상 예쁨 받길 원하니까요.

굳이 광고주와 대행사의 관계가 아니더라도, 우리는 어릴 때부터 그런 말을 자주 듣고는 했습니다. "잘한 건 티를 내야 돼, 그래야 알아줘." 겸손이 미덕이 아닌 시대, PR의 시대라는 말을 밥 먹듯이 들어오며 우리는 그저 과장하고 꾸미는 것에 능숙해진 것 같습니다. 이런 배경 지식을 갖고 IT 회사에 들어왔지만, 달라도 너무 다른 문화에 충격을 느꼈던 적이 있습니다. 마치 로봇 공장을 보고 있는 느낌이었습니다. 이곳은 효율성이 최우선이었고, 화려한 미사여구보다는 단숨에 '의도'가 보이는 것이 중요했으며, 이해가 어려우면 실패한 것처럼 보였습니다.

이러한 대화는 개발자들과의 회의 시 더 두드러졌습니다. 어떤 이슈가 발생해 그들과 대화를 할 때는 단어에 굳이 힘을 줄 필요가 없었습니다. 해결해야 할 지점을 최대한 쉽게 말씀드리는 것이 중요했습니다. 어차피 예쁜 말을 전달하기 위해 모인 것이 아니었습니다.

처음 IT 기업에 입사해 인턴으로 근무할 당시 작성한 기획안을 들고 리더님께 갔을 때 들었던 말이 기억이 납니다.

"말을 꾸미는데 집중할 시간 1분을 아껴서 개선안 고민에 쓰는 게 좋겠습니다."

IT 회사에서는 프로젝트에 착수하면 해당 프로젝트에 들어갈 공수를 MD^Man-Day로 먼저 환산하고는 합니다. 한 명의 노동력이 며칠을 고생했을 때 완료될 수 있을지 미리 어느 정도 산정하는 것이죠. 기획자도 예외는 아닙니다. 여러분의 노동력은 중요한 '리소스'입니다. 기획자의 리소스는 기획에 쓰인 시간이 산정이 됩니다. 기획은 어떤 글로 상대방의 공감을 얻는가가 중요할 수 있지만, 이보다 중요한 것은 '어떠한 아이디어로 사용자의 문제를 해결했냐'는 것입니다. 중간 커뮤니케이션에 오랜 시간이 소요되었다면 이것은 예측하지 못한 리소스 사용으로 생각될 가능성이 높습니다. 한마디로 '시간 낭비'인 겁니다. 이보다는 좋은 아이디어와 통찰력에 더 많은 시간을 소요해야 합니다.

이는 단순히 IT 회사의 특징만은 아닙니다. 가치관이 바뀐 것인지는 모르겠으나, 일반적인 대화에서도 의도를 단숨에 알 수 없는 것처럼 비효율적인 것도 없다고 생각합니다. 모두의 생각이 합치를 이루는 것이든 아니든, 일단 똑같은 지점을 쉽게 이해하는 것이 중요하기 때문입니다.

바로 이해하셨겠지만 말씀드리고 싶은 것은 '핵심부터 시작하자'는 것입니다.[*]

저는 반드시 전달해야 할 정보를 한 줄로 요약해서 서두에 적습니다. 가령 아래와 같은 이슈가 있다고 생각해 봅시다. 이 이슈를 리더님께 보고하고 급하게 회의를 잡아 논의해야 하는 상황입니다.

한 사용자가 한 달이 지난 메모가 자동 삭제되도록 옵션을 걸어 놨는데요. 여전히 한 달이 지난 파일이 계속 노출된다고 문의가 들어왔습니다. 서버에 문의한 결과, 저장소에서 만료 일자를 처리하지 않고 있었다고 합니다. DB 저장소를 바꿨는데 만료 일자는 계속해서 이전 저장소에서 확인하고 있었습니다. 이로 인해 만료 일자가 업데이트되지 않았고, 사용자에게 모든 파일이 보였던 것입니다. 해당 문제는 9월 10일부터 발생한 것으로 추정되고 있습니다.

[*] 제인 로젠츠바이크(Jane Rosenzweig)〈하버드 비즈니스 리뷰〉'핵심을 강조하는 비즈니스 글쓰기'

아마 많은 분들이 비슷한 감정을 느꼈을 겁니다. 뭔가 장황하고 늘어지는 느낌입니다. 이슈를 말했는데도 '그러니까 도대체 정확한 이슈가 무엇이냐'며 반문이 들어올 가능성도 높습니다. 이런 글은 일단 한 줄로 명확하게 정리해야 합니다. 윗글에서 가장 중요한 정보를 한 줄로 정리하자면, '사용자에게 만료된 파일이 보이는 문제가 발생 중입니다.'가 될 것입니다. 이후에 상세한 원인에 대해서 적어야 합니다. 하지만, 단순히 사실만을 정리하는 것도 좋은 요약이 아닙니다. 자칫하면 "나는 이슈를 말했으니, 여러분들은 이제 해결 방법을 말해주세요."라고 비칠 수 있으니까요. 이런 내용의 보고에 조금 강하게 반문한다면 "그래서 어떻게 하라는 것이죠?"가 예상됩니다.

핵심을 처음부터 말할 때 중요한 것은 **사실과 방안**을 일목요연하게 적는 것입니다. 이 경우 해결 방안은 늦기는 했지만 지금이라도 올바른 사용자별 만료 일자를 따라가도록 하는 것입니다. 설정한 기간에 따라 제대로 삭제되도록 하는 것이죠. 이를 추가하면 다음과 같을 것입니다.

"사용자에게 만료된 파일이 보이는 문제가 발생 중이며, 영향을 받은 사용자의 만료 기간을 빠르게 정상으로 돌려야 할 것 같습니다." 이후에 부차적인 정보들을 적어주는 것이죠. 최종적으로는 아래와 같은 보고문이 좋겠습니다.

사용자에게 만료된 파일이 보이는 문제가 발생 중이며, 불편을 겪은 사용자의 만료 기간을 빠르게 정상으로 돌려야 할 것 같습니다. 서버에서 저장소 변경 작업을 진행했으나, 만료 기간은 기존 저장소를 참고하여 발생했습니다. 9월 10일부터 발생했으며, 현재 한 사용자로부터 문의가 있었고, 문의가 확산되기 전 빠른 조치가 필요할 것으로 보이는데요. 다른 방안 등 이견이 있으시면 말씀 부탁드립니다.

이것이 정답은 아니겠으나 빠른 전달을 위해 노력한 흔적은 보입니다. 핵심과 방안으로 시작해서 그 이유를 다시 말씀드린 것이죠. 조금 더 명확하게 정리를 하자면 '핵심 요약＋주장 세부 원인/근거 요청'의 과정을 거쳐 글을 진행하는 겁니다. 큰 것부터 시작해 작은 이야기를 다루고, 바라는 것을 말하는 것인데요. 지금은 짧은 대화와 메시지에 대해서 말씀드렸지만, 그것이 대형 문서라고 해도 이러한 글의 흐름에 크게 반하지는 않을 것이라고 생각합니다. 문서에 대해서는 뒤에서 별도로 다루도록 하겠습니다.

사용자를 위한 글쓰기

　동료를 위한 글쓰기에서는 빠른 결론을 전달하고 효율적으로 말하는 것에 중점을 두었지만, 사용자를 위한 글을 쓸 때는 다른 방식으로 접근해야 합니다. 핵심만 빠르게 전달하는 것이 효율적이긴 하지만 다소 거칠어 보이기 때문이죠. 상대방 입장에서는 워밍업 없이 바로 뇌를 활성화시켜야 하기에 상대는 이를 다소 불친절하고 정성스럽지 않다고 여길 수 있습니다.

　그렇다고 장황한 글을 권하는 건 아닙니다. 어느 정도의 기본적인 배려를 보여주는 것이 필요하죠. 이때는 일상적인 언어의 힘이 필요합니다. 흔히 말하는 업무적 말투가 사용자에게서 느껴지지 않아야 합니다. 문어적 표현이나 번역된 듯한 말투, 내부에서 쓰이는 전문적인 말들을 최대한 알기 쉽게 적을 수 있어야 합니다.

　한마디로 '효율적이되 친절해야 한다.'가 될 텐데 이는 다소 어려울 수 있습니다. 이에 대해 저는 나름의 '조작적 정의'를 해 보았습니다. 조작적 정의는 추상적인 개념을 과학적으로 바꾸는 과정입니다. 사회 현상을 실험할 때 추상적 개념을 과학적으로 정의하는 것이 조작적 정의의 일종입니다.

　예를 들어 '사람은 부끄러우면 얼굴이 빨개진다.'라는 사실을 실험한다고 가정하겠습니다. 이때 부끄러움을 어떻게 정의해야 할까요? 마음으로는 어떤 것이 부끄러운지 명확하게 알겠는데, 이를 실험한다고 하니 어떠한 방식으로 부끄러움을 측정해야 할지 감이 오지 않습니다. 이때 조작적 정의를 하게 됩니다. 부끄러움을 '갑작스럽게 많은 사람에 노출될 때 느껴지는 기분'으로 정의하는 겁니다. 이렇게 되면 갑작스럽게 노출되는 사람 수를 변수로 놓을 수 있습니다. 사람의 수가 2명＝부끄러움의 척도 1로 구분을 해서 사람 수가 2명, 4명, 6명 등으로 늘어날 때 빨개지는 색깔의 정도를 측정하는 것이죠.

비슷한 방식으로 사용자에게 '좋은' 정도를 나름대로 조작적 정의를 해 보니 다음과 같습니다.

사용자를 위한 좋은 글의 조작적 정의

- **단순함**: 핵심 정보 외 불필요한 단어가 없는 정도
- **익숙함**: 일상에서 쓰이는 단어와 차이가 없는 정도
- **일관됨**: 용어나 문체가 통일된 정도

이를 바탕으로 글을 한 번 쓰고 세 차례 정도의 수정 과정을 거칩니다. 단순한지 보고 삭제하고, 익숙하지 않은 단어는 교체하고, 어미나 다른 UI가 없는지 보고 통일하는 것이죠. 사례를 통해서 한 번 정제하는 과정을 거쳐 보겠습니다.

일전에 우연히 카메라 모듈의 정렬 장비 판매처 홈페이지를 갔다가 아래와 같은 글로 채워진 소개 페이지를 본 적이 있었습니다.

최근 소비자들은 더 작고 더 좋은 성능의 카메라 모듈을 원하고 있습니다.
카메라 모듈이 작을수록 렌즈 모듈과 이미지 센서 모듈의 상대적 배열에 더 민감하기 때문에, 두 모듈 간의 아주 작은 오정렬은 초소형 카메라 모듈의 성능을 상당히 저하시키는 원인이 됩니다. 카메라 모듈이 작을수록 alignment가 더 중요한 이유입니다. 저희는 특화된 자체 기술을 가지고 듀얼/트리플 카메라 모듈 등 다양한 타깃을 위한 커스터마이징 alignment 설비를 개발/제작하고 있습니다.

이 분야에서 일을 오래 해오신 분들은 단번에 이해하시겠지만, 그렇지 않은 분들이 더 많을 것입니다. 그런 분들은 윗글이 무엇을 말하는지 당최 한 번에 이해할 수가 없습니다. 아니, 여러 번 읽어도 난해합니다.

자, 이 글을 한 단계씩 수정하는 과정을 거쳐 보겠습니다. 일단 최대한 불필요하다고 생각되는 정보를 제거해 보겠습니다.

이 글의 목적은 장비를 소개하고, 왜 우리의 장비를 사용해야 하는지 설명하는 글입니다. 그렇다면 필수적인 정보는 장비의 필수 기능, 타사 장비와 우리 장비의 차이점이 될 것입니다. 그리고 주된 강조점은 '작지만 정확하다' 정도로 요약될 수 있을 것입니다.

그런데 윗글은 전반적으로 동어반복에 화려한 미사여구가 덧붙여져 호흡이 길어지는 느낌입니다. 그럼 이 글을 최대한 어려운 용어를 다른 단어로 대체해 단순하게 수정해 보겠습니다. 마지막의 커스터마이징의 경우 앞선 '다양한 타깃'이 그 뜻을 어느 정도 내포하고 있다고 판단하여 과감하게 제거했습니다.

> 최근 소비자들은 더 작고 더 좋은 성능의 카메라 모듈을 원하고 있습니다.
> 카메라 모듈이 작을수록 렌즈 모듈과 이미지 센서 모듈의 상태적 배열에 더 민감하기 때문에 두 모듈 간의 아주 작은 오정렬은 초소형 카메라 모듈의 성능을 상당히 저하시키는 원인이 됩니다. 카메라 모듈이 작을수록 alignment가 더 중요한 이유입니다. 저희는 특화된 자체 기술을 가지고 듀얼/트리플 카메라 모듈 등 다양한 타깃을 위한 커스터마이징 alignment 설비를 개발/제작하고 있습니다.

다음은 일반 사람들에게 익숙한 단어로 교체하는 단계입니다. 아마 윗글은 어느 정도 부품에 대한 기본 지식이 있는 사람들을 기준으로 쓰인듯합니다. 그렇기 때문에 '모듈' 등의 단어가 익숙하게 들리겠죠. 하지만, 저는 부품을 처음 접하는 일반 소비자를 타깃으로 한정해서 쉽게 읽히는 것을 목적으로 대중적이지 않은 말은 모두 익숙하게 바꿔보았습니다. 아마 부품 전문가가 보기에는 전문성이 너무 떨어진다고 생각하실 수도 있겠지만, 개인적으로 제거해도 크게 문제가 없다는 판단입니다.

최근 소비자들은 더 작고 좋은 성능의 카메라를 모듈을 원하고 있습니다. 카메라가 모듈어 작을 수록 렌즈와 모듈과 이미지 센서의 정렬 오차는 모듈의 오정렬은 초소형 카메라 모듈의 성능을 저하시키는 원인이 됩니다. 저희는 자체 기술을 가지고 듀얼/트리플 카메라 모듈 등 다양한 타깃을 위한 alignment 설비를 개발/제작하고 있습니다.

마지막으로 용어와 문체를 통일할 차례입니다. 사실 위 문장에서 시제가 다르거나, 문체가 다른 경우는 크게 없어 보입니다. 그런데, 제품명이긴 하겠지만 굳이 '가지런함'이라는 뜻의 다소 생소한 영어단어인 alignment를 사용해야 하는지 의문이 들기는 합니다. 앞에서는 계속해서 한국어로 '정렬'이라고 표현했지만, 뒤에서 갑자기 이것이 'alignment'로 변화된 것인데요. 이를 통일해주는 것만으로도 아주 매끄러운 마무리가 될 것 같습니다. 이렇게 말이죠.

최근 소비자들은 더 작고 좋은 성능의 카메라를 원하고 있습니다. 카메라가 작을수록 렌즈와 이미지 센서의 정렬 오차는 초소형 카메라 성능을 저하시키는 원인이 됩니다. 저희는 자체 기술을 가지고 듀얼/트리플 카메라 등 다양한 타깃을 위한 정렬 설비를 개발/제작하고 있습니다.

조금 나아졌는지 모르겠습니다. 사실 제가 글쓰기 선생님도 아니고, 옳은 글쓰기에 대한 어떠한 전문성도 없습니다. 그럼에도 중요한 점이 있다면, 사용자를 위한 단순한 문구나 글을 쓰는 과정에 있어서 나름의 기준을 정하고, 이를 어느 정도는 정량적으로 평가할 수 있는 단계를 가져야 한다는 것입니다. 어떤 분은 복잡성, 어려움 등을 기준으로 정하고 다른 조작적 정의 과정을 거칠 수도 있습니다. 어떤 것이든 좋다고 생각합니다. 그만큼 사용자에게 친절하게 다가가고 싶은 마음이 반영되는 것이 중요합니다.

설계서는 결국 이야기다

'서비스 기획자'를 상상할 때 대부분의 취업준비생이 가장 먼저 떠올리는 업무는 '화면 설계서' 혹은 '스토리보드 작성'인 것 같습니다. 서비스 기획자를 준비하는 취업준비생들을 만나면 그들은 늘 비슷한 질문을 합니다.

"기획자는 어떤 일을 합니까? 보통 설계서를 작성하며 하루를 보내나요?"

기술이 없어 슬픈 우리 문과생에게 그나마 있는 기술이 설계서나 스토리보드라 궁금해하는 것 같습니다.

이들이 일반적으로 상상하는 문서는 화면에 관한 그림이 있고, 상세한 설명이 있는 상세 설계서들입니다. 동작 방식의 상세한 구현을 그림과 글로 정리한 것이죠. 왼쪽에 화면이 있고, 오른쪽에

도표가 있는 형태의 문서를 떠올리고는 합니다. 작성하는 툴은 매우 다양합니다. 파워포인트가 주로 쓰이고, Adobe XD, Figma 등 본인이 편한 툴을 사용하죠. 그리고 이어지는 대부분의 질문은 "주로 어떤 툴을 사용하나요?"입니다. 현업에서 사용하는 도구와 이를 다루는 능력이 얼마나 되어야 하는지 궁금한 것이죠.

개인적으로 이러한 질문은 업무에 대한 미시적 접근이라고 생각합니다. 화면 설계는 당연히 중요합니다. 개발자, 디자이너, QA 담당자 모두 이 설계를 보고 개발을 하고, 디자인을 하고, QA 범위를 결정하죠. 하지만, 화면 설계는 결국 '이렇게 하겠다.'라는 것이 결정되고 난 이후 상세한 작동 방식을 정리한 것입니다. 나의 기획 의도를 실행하기 위한 방식인 것이죠. 그래서 이는 설계서로 부르기보다는 기획서로 불러야 합니다. 단순 구동 방안만 생각하기보다 '모든 이해관계자들이 왜 이 프로젝트를 위해서 일해야 하는지' 알 수 있어야 하기 때문입니다. '어떤 문제가 있었는지', '해결 방안은 무엇인지', '상세하게 어떻게 나온다는 것인지' 이야기의 흐름을 알 수 있어야 한다고 생각합니다. 기획서는 단순히 화면부터 시작하지 않습니다.

기획자는 이야기꾼이고 설계서 역시 이야기의 다른 형태라는 것이 제 철학입니다.

만약 친구에게 내가 만들고 싶은 기능에 대해서 이야기를 한다고 생각해 보겠습니다. 그럼 첫 시작은 "요즘 이런 문제가 있는데, 이게 필요할 것 같아."정도가 적절합니다. 처음부터 "내가 요즘 이 기능을 만들고 싶은데, 버튼 모양은 이런 데 어때?" 하면 이야기에 참여하기가 어렵습니다. 시작부터 벽이 생기는 것이죠. 결론적으로 이를 반영해 제가 추구하는 구성 방식은 아래와 같이 딱 한 문장으로 요약됩니다.

'왜?'라는 커다란 가방에서 '어떻게?'라는 작은 주머니로

무조건 큰 단위부터, 작은 단위의 정리로 넘어갑니다. 전체 구성에서는 흔히 말하는 '왜?'라는 질문에 대한 답이 큰 단위의 정리에 해당합니다. 배경, 방향성, 정책 등이 큰 이야기이죠. 그런 다음 '어떻게?'라는 질문에 대한 답을 다룹니다. 이것이 상세 화면 구성입니다. 그리고 이후 각 항목에 대해서 세세한 내용을 써 내려갈 때에도 똑같습니다. 화면 구성에서는 주요하게 사용할 메인 시나리오가 큰 것입니다. 그 외 발생할 수 있는 예외적인 시나리오나 오류 발생 화면 등은 작은 것이 되죠.

누구나 아는 원론적인 이야기일 수 있지만, 작성을 하다 보면 저 역시도 이 부분을 자주 놓칩니다. 어느 한 부분을 작성하다가, 갑자기 다른 부분이 기억나고 의식의 흐름대로 적어가고는 하죠. 이런 식으로 마무리가 된 문서는 이야기에 빠져들기 어렵습니다.

기획자의 소설을 열심히 읽어 나가고 있는데, 줄거리가 갑자기 산으로 가는 상황인 것이죠.

결론적으로 다음과 같은 흐름이 제가 기획서를 구성하는 가장 일반적인 방식입니다.

개선 배경/방향
▼
주요 기능/공통 정책
▼
메인 시나리오 설계
▼
예외 케이스 설계

기능에 따라 필요한 부분이 추가되기도 하고, 필요 없는 부분이 제거되기도 합니다. 가령 시나리오가 매우 단순하다면 과감하게 예외 케이스 화면을 제거하기도 하고, 담당자가 정말 많아서 역할 구분이 어려운 경우에는 R&R 페이지를 따로 만들어 별도로 추가하기도 하죠. 다만, 이는 예외적인 상황이고 위의 흐름에서 벗어나는 경우는 크게 발생하지는 않는 것 같습니다.

최근 유용하다고 생각했던 기능이 하나 있어서 제가 그 기능의 기획자였다고 생각하고 작성해 보겠습니다.

카카오톡에서 친구와 함께 다른 친구의 선물을 구매해야 했던 적이 있는데요. 결제 후에 '1/N 정산하기 옵션'이 있어서 정말 간편하게 사용했던 기억이 있습니다. 원래 없던 기능이 새롭게 들어간다고 가정하고 작성해 보겠습니다.

1단계. 개선 배경/방향

이 단계의 가장 큰 목적은 서비스 개선 혹은 출시의 '당위성'을 확보하는 것입니다. '이 기능이 왜 필요한지' 모두의 동의를 얻는 단계이죠. 일을 하다 보면 이 단계가 간과되고 바로 화면부터 덜렁 보여주게 되는 경우가 많습니다. 내 머릿속에서는 왜 필요한지 이미 설득이 됐고, 그 근거도 확실해서 바로 화면부터 보여줘도 될 것이라 믿는 것이죠. 일단 화면을 보면 그 필요성을 당연히 인정할 수밖에 없을 거라는 안일한 생각을 하는 겁니다. 하지만 안타깝게도 이러한 확신은 서비스를 제안하는 나에게만 있을 확률이 높습니다. 화면을 보는 사람은 개선된 기능을 보고도 마땅한 필요성을 느끼지 못하는 경우가 많습니다. 한 번쯤 어디선가 들어봤을 '현상 유지 편향' 때문입니다.

대부분의 사람들은 무언가 변화가 생길 때 긍정적인 효과보다 부정적인 효과를 더 크게 생각합니다. 지금의 상태를 유지하는 것을 더욱 선호하죠. 긍정적인 효과가 이러한 개인의 심리적 부정성을 넘어야만 변화를 받아들일 수 있습니다.

그러므로, 강하게 표현해야 하는 것은 개선 방향보다도 '개선 배경'입니다. '지금 어떤 문제점이 있고 어떤 요구사항들이 있다.

그러니 이러한 방향으로 개선해야 한다.'라고 말하는 것이죠. 이 부분이 철저하지 못하면 필요성만 주창하는 단순한 호소에 지나지 않게 됩니다.

가장 효과적인 설득의 근거는 아무래도 '다수' 유저들의 요구입니다. 이들의 요구를 판단하는 가장 좋은 두 가지 방법은 통계를 들여다보거나, 고객의 CS 창구의 목소리를 들여다보는 것입니다. 요즘 들어 데이터 기반 기획에 대한 요구가 트렌드가 된 이유도 아무래도 이 '다수'의 목소리를 대변하기 쉽기 때문일지 모릅니다. 앞서 정한 더치페이 기능의 경우, 결제를 하고 다른 유저로부터 2시간 이내에 해당 금액보다 적은 금액을 입금받은 기록이 있으면 판단에 도움이 될 수 있을 것입니다.

아울러, 앱스토어의 리뷰나 CS 창구에 더치페이나 결제 요청이 있는지, 검색을 했을 때 비슷한 요구사항이 있는지 등을 찾아보면 좋겠죠. 외부에서는 구하기 어려울 수 있으나, 내부에서는 추출이 비교적 쉬운 정보일 수 있습니다.

만약 다수의 사용성 근거를 마땅히 마련하지 못했다면 어떤 방식으로 설득해 볼 수 있을까요? 경쟁사의 비슷한 기능 도입 여부, 홍보 자료 등을 찾아보는 방법이 있습니다. 직접적 연관성은 떨어지겠지만 사회적 요구사항 등이 적힌 기사가 있다면 그것도 도움이 되겠죠. 경쟁사인 기존 카드사들을 살펴보니 KB, 하나, 롯데

카드 등 다양한 카드사에 비슷한 기능이 있더군요. 좋은 설득의 근거가 될 수 있을 듯합니다. 또 간편송금 사용 이유를 보니 20대의 70%가량이 '더치페이' 때문이라고 말한 설문도[*] 있었습니다. 이 역시 좋은 근거로 보입니다.

위에서 취합한 근거들을 종합해서 개선 배경과 방향성에 대해 작성해 보겠습니다. 이때 유의해야 할 점이 있는데요. 요구사항을 보다 넓은 범위에서 작성해 놓아야 한다는 것입니다. 이를 좁히면 논의할 의제가 상당히 협소해집니다. 예를 들어 아래와 같이 작성했다고 가정해 봅시다.

개선 배경: 선물하기 결제 시 더치페이 기능이 지원되지 않아 고객의 불편 증대

언뜻 보면 별문제 없어 보이지만, 문장을 보면 해결책이 단 하나로 귀결되어야 할 것 같습니다. '더치페이 기능을 넣어야 한다'는 것이죠. 한마디로 '답정너', '답은 이미 나와 있으니 그대로 따라가야 할지 말지에 대해서만 결정하시죠.'와 같은 논의가 될 가능성이 높습니다.

그렇다면 조금 더 넓게 생각한 요구사항은 무엇일까요? 사용

---

[*] 임은주, 〈한국일보〉 '20대 '더치페이'에 간편송금 多사용…간편결제, 온·모바일 쇼핑 증가'

자의 입장이 되어본다면, '여러 사람이 하나의 상품을 결제할 때 정산을 하는 과정이 복잡해 이를 간소화하고 싶다'는 겁니다. 비록 현재는 이에 대한 대안으로 더치페이 기능이 들어갔지만, 사용자는 이러한 요구가 어떤 형태의 기능으로 해소될지 신경 쓰지 않습니다. 그러니 의제는 아래와 같을 것입니다.

개선 배경: 여러 사용자가 동시에 하나의 상품을 결제하며 정산하고 싶은 요구 증대

조금 더 사용자에게 다가가 그들의 요구사항으로 풀어봤습니다. 이렇게 되면, 논의 과정에서 아예 새로운 방안이 나올 수도 있습니다. 결제 시점에 '더치페이' 기능을 넣을 수도 있고, 한 명이 결제하고 정산하는 버튼을 추가로 보여줄 수도 있죠. 이것이 바로 요구사항에 구체성을 넣으면 안 되는 이유입니다. 나의 의견이 있을 수는 있겠지만 상상의 폭을 미리 좁힐 필요는 없는 것이죠. 이를 기억하면서 개선 배경과 방향에 대해서 작성해 보았습니다. (간편송금 사용 이유를 제외한 통계는 가상의 수치로 사실과 다릅니다)

개선 배경: 선물하기 시 여러 사용자가 동시에 하나의 상품을 결제

　　　　　하며 정산하고 싶은 요구 증대

→　　　선물 결제 후 2시간 이내 다른 유저에게 금액을 입금받

　　　　　은 사용자 수: 일 평균 15,423명 (최근 1개월)

→　　　동시 결제 요구사항 관련 앱 리뷰: 애플 앱스토어 142

　　　　　건, 구글 플레이스토어 273건

→　　　관련 CS 문의: 46건

→　　　20대의 간편 송금 서비스 사용 이유: 70.2%가 각자 계

　　　　　산할 때(더치페이)인 것으로 확인

개선 방향: 최종 결제 과정에 동시 결제, 혹은 정산 기능 제공

→　　　KB, 하나, 롯데, 신한, 우리 등 다양한 카드사에서 유사

　　　　　서비스 제공 중

→　　　선물하기 시 카카오톡을 이탈하는 일부 사용자를 머무

　　　　　르게 할 것으로 예상.

2단계. 주요 기능/공통 정책

　이제 어느 화면이 어떻게 바뀌고, 영향을 받는 부분이 어디일
지 매우 간결하게 정리하여 보여줄 차례입니다. 사실 이 부분들
은 뒤에 상세 설계에서도 다뤄야 하고 보여야 하는 부분입니다.
그럼에도 한번 짚어주는 이유는 크게 두 가지인데요. 첫 번째는

큰 단위의 합의를 이루기 위함입니다. 상세한 화면 UX 논의, 구현 가능 여부를 검토하기 전에 내가 생각한 큰 방향성에 대해서 동의를 얻기 위한 것이죠. 보통 저는 여기까지 한 번 정리한 뒤 회의를 하고, 동의를 얻으면 그다음 단계로 넘어갑니다. 만약 뒤에 상세하게 정리까지 다 했는데 반응이 좋지 않아 진행을 못 하게 되면 그것만큼 힘이 빠지는 경우가 없습니다. 뒤에 쓰인 나의 리소스가 너무 아까울 따름이죠.

두 번째는 문서를 읽는 흐름 때문입니다. 모든 이의 동의가 이루어진 기능이라고 할지라도 이 화면을 누락하지 않는 이유입니다. 중요한 것이 무엇인지 가장 집중해서 보고, 상세한 부분으로 넘어가자는 것이죠. 문서가 복잡하면 개발 혹은 디자인 과정에서 실수로 누락되는 부분이 생길 수 있는데요. 그런 사태가 발생했을 때에도 누락하면 안 되는 중요한 부분을 짚어주어야 합니다. 필수적으로 구현되어야 하는 사항을 알려주는 것이죠.

가끔 "누가 한 줄 요약 좀" 하는 글을 자주 보는데요. 문서를 볼 때 요약 없이 서문부터 본문까지 훑게 되면 그 피로도가 상당합니다. 그러니 초반에 핵심 사항으로 시선을 끌어 향후 문서를 읽는 집중도를 유지시켜 주어야 하죠.

주요 기능은 몇 줄의 요약과 화면 예시면 충분합니다. 기능의 가장 핵심적인 화면의 요약으로 한눈에 필요한 기능을 설명해야 하죠. 만약 기존 기능에서 일부 영역이 변경되는 것이라면 [AS-

IS], [TO-BE]로 나눠 변경 사항만 보여주는 것이 가장 효과적입니다.

[주요 기능 변경 사항 요약]
- 선물하기 완료 화면에 카카오페이 '1/N 정산하기' 버튼을 추가합니다.
- 해당 버튼을 탭하면 내가 선물한 금액이 입력된 채로 카카오페이 정산하기 화면으로 이동합니다.

이제는 정책에 대해 정리할 차례입니다. 이 부분이 조금 애매한데요. 어떤 것을 '정책'이라 부르고, 어떤 것을 '상세한 설계의 영역'으로 다뤄야 할지 분명한 구분을 내리는 것은 사실 어렵습니다. 앞단에서 다루는 정책이라고 하면 가장 공통적으로 다뤄야 할 큰 '전제'라는 느낌이기는 한데, 작성하다 보면 이 말도 써야 할 것 같고, 저 말도 써야 할 것 같은 기분이 느껴져 제외하는 경우가 있습니다.

예를 들어, '기능 출시 후 최초 1회 안내 문구를 보여준다.' 등의 정책을 썼다고 하면, '1회의 기준은 사용자의 기기 정보에 따르지 않고 계정에 따르며, 노출 기록을 저장한다' 등 여러 가지를 추가하고 싶은 것입니다. 이러다 보면, 결국 상세 설계의 내용이 되어버리고 뒤에서 자세히 말하는 게 좋겠다는 생각으로 이어지는 것이죠. 그래서 저는 공통 정책에 대해서 말할 때는 철저하게 '육하원칙' 중 '왜?'만 제외한 질문에 간결하게 대답한다는 기준을 가지고 작성합니다. 언제부터, 어떤 사용자에게, 어떤 화면에서, 무엇을 어떻게 보여줄 것인지 간결하게 작성하는 것이죠. '왜'를 제외하는 이유는 단순합니다. 이미 개선 배경에서 다뤘기 때문입니다. 정책은 일종의 기능의 동작 기준을 설정하는 것인데, 이 기능이 왜 들어가야 하는지에 대한 설명은 '기준'의 영역이 아니기도하죠.

'언제부터 이 기능을 보여줘야 하는지'는 보통 서비스의 출시 시점이 될 것입니다. 보통은 v1.4, v1.6 등으로 숫자 형태의 버전을 많이 사용합니다. '어떤 사용자에게 보일 것인지'는 여러 가지 정보가 포함될 수 있습니다. 가장 흔한 것은 컴퓨팅 플랫폼^{Platform}입니다. 앞서 가장 낮은 진입 장벽에서 말씀드렸던 'OS'를 말하는데, 모바일에서만 보여줄 것인지, PC에서도 보여줄 것인지, 만약 보여준다면 Windows, MAC 전부 다 제공할 것인지가 포함되죠. 글로벌 서비스를 한다면 국가도 포함됩니다. 국내 사용자에게만 보여줄지, 미국 사용자에게도 보여줄지를 결정하는 것이죠. 그 외에도 사용자의 연령 등 사용자의 사용 환경과 관련된 정보를 정리하면 됩니다.

'어떤 화면에서 보여주느냐'는 흔히 말하는 기능의 '진입점'과 관련 있습니다. 기능의 출발점이 어딘지 말해주는 것이죠. 같은 기능으로 들어가더라도 진입점은 여러 곳일 수 있습니다. 가령 카카오톡에서 이모티콘 숍을 들어갈 때에도 메시지 방의 이모티콘 버튼을 눌러서 들어갈 수도 있고, 하단 '더보기 탭'을 눌러 내 프로필에서도 들어갈 수 있죠. 그러한 위치를 일목요연하게 정리해야만 디자이너와 개발자들이 작업의 시발점을 알 수 있습니다.

'무엇인지'는 앞서 주요 기능 요약에서 정리했던 것과 크게 다르지 않고, '어떻게 보여줄지'는 각종 표기 방식을 다룹니다. 서비스를 만들 때 아예 최초로 출시하는 것이 아니라면 보통 각종 가이드가 있는데요. 그중에서 어떤 가이드를 따라야 하는지에 대해서 말해주는 것이죠. 가령 '카카오페이' 버튼 명을 표기할 때, 텍스트로 표기할지, 기존 로고 가이드를 사용할지 등에 대해서 말하는 것입니다. 최종적으로 다 정리하면 아래와 같은 모양새가 됩니다.

[기본 정책]

언제?	출시 시점: v1.5 (2023년 4월 정기 배포)
어떤 사용자?	플랫폼: Mobile (iOS, Android 모두 제공) 국가: 대한민국 사용자 프로파일: 성인, 카카오페이 머니 기존 등록자
어떤 화면?	진입점: 기존 선물하기 과업 완료 화면에서만 단독으로 제공

무엇을 어떻게?	기타 동작 구현 정책:
	• 진입점에서 카카오페이 1/N 정산 버튼만 제공하고,
	  이후 과업은 카카오페이의 정산 기능을 별도 변경 없이 그대로 이용한다.
	• 카카오페이의 정산 기능 화면 전환 시점에는 선물한 상품의 가격 정보만
	  전달한다.
	• 카카오톡 화면에서는 카카오톡의 디자인 가이드를 따르며,
	  카카오페이 관련 모든 영역은 카카오페이의 디자인 가이드를 따른다.
	• 언어는 한, 중, 일, 영 4개 국어를 지원한다.

메인 시나리오 설계

메인 시나리오는 사용자에게 기대되는 가장 주된 시나리오입니다. 이 시점부터는 아마 가장 흔하게 서비스 기획자의 업무로 접하셨을 상세 UI 설계서를 작성하게 됩니다. 각종 화면과 버튼이 있고, 이 버튼을 눌렀을 때는 어떻게 동작할지 상세하게 설명(이하 디스크립션)을 적는 것이죠. 가장 주된 시나리오부터 말입니다. 정답은 없습니다. 설명이 위에 있던 옆에 있던 상관없고, 화면이 중앙에 있던 하단에 있던 괜찮습니다. 이해하기만 쉬우면 되는 것이죠.

알아보기 쉬운 설계는 시나리오를 잘 쪼개는 것으로 시작됩니다. 설계서를 작성하다 보면 매번 '공백'에 대해 괜한 찝찝한 감정을 느끼게 됩니다. 채워줘야 할 것만 같은, 마치 나의 정성이 닿지 않은 곳처럼 여겨지는 것이죠. 저는 이 공백에 익숙해져야 한다고 생각합니다. 꽉 찬 화면은 나의 만족도는 채워줄 수 있지만, 보는 이의 만족도는 채워줄 수 없습니다. 한번에 받아들여야 하는 정보가 너무 많으면 짜증이 나기 때문이죠. 또 상대적으로 집중이 잘 안 되는 곳에 설명이 적혀 있다면 놓칠 수도 있습니다. 그리고 우려했던 빈 공간들은 논의가 진행되면 자연스럽게 채워집니다. 이곳은 디자이너와 개발자의 전문적인 시각으로 채워지는 공간이죠. 그러니 우리 동료의 생각으로 채워줄 공간을 남겨 놓아야 합니다. 처음부터 빽빽하게 정리하게 되면 도저히 채울 공간이 없어 나중에 불가피하게 쪼개야 하는 상황이 생기기도 합니다. 이 과정이 오히려 더 복잡합니다. 구성할 때부터 연계성을 고려해 작성한 기획서를 쪼개야만 하는 것이지요. 그럼에도 공백이 불안하게 보인다면 저는 속으로 세 번씩 이렇게 말하고는 합니다.

'공백은 화이트보드다, 공백은 화이트보드다, 공백은 화이트보드다.'

이 원칙을 기반으로 하나의 장표에는 하나의 과업만을 담아서 설계도를 그립니다.

다시 선물하기 정산 기능으로 돌아와서 보면 가장 주된 하나의 시나리오를 완성하기 위해서 대략 5단계를 거치게 됩니다. [정산하기 탭 / 친구추가 / 친구 선택 / 내용 확인 / 최종 확인] 여기서 각 단계만 하나의 장표에서 다루는 것이죠. 한번에 모든 단계를 다 담으면 보여줄 스크린만으로 장표가 꽉 차게 될 것입니다.

화면 전환이 있는 경우, 다음 단계의 화면을 참고할 수 있도록 추가해 줘야 하기 때문에, 하나의 장표는 과업을 진행하는 화면과 과업이 완료된 화면을 합하여 보통 2개에서 3개의 화면으로 구성하는 편입니다. 정산하기 과정을 예시로 보면 아래와 같습니다. 다음 숫자가 표시되는 화면까지 각 단계에서 포함하게 됩니다.

❶ 1/N 정산하기 탭   ❷ 친구 추가   ❸ 친구 선택

❹ 내용 확인　　**❺ 최종 확인**

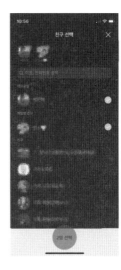

　이렇게 표시할 화면의 단계를 쪼개고 난 후에는 이제 각 단계별로 동작 방식을 상세하게 작성하면 됩니다. 이때부터는 섬세함이 모든 것을 좌우하게 됩니다. 혹시나 논의가 좀 되었으면 하는 부분이 있다면 표시도 하고, 꼭 잊지 말고 봐주셨으면 하는 부분이 있다면 강조도 하는 것이죠.

　상세 디스크립션 역시 사용자 동작의 순서대로 적어야 합니다. 이때 우리는 '시나리오'를 작성하고 있다는 것을 잊어서는 안 됩니다. 마치 각본을 작성하듯 이야기의 순서가 맞아야 하죠. 각 장표는 하나의 씬scene이고, 디스크립션은 대사입니다. 강조문은 지문이 되죠. 아래와 같은 장표가 합쳐져 시나리오가 완성됩니다.

[선물하기 완료 → 카카오페이 정산하기]

선물하기 완료 화면에서 카카오페이 1/N 정산하기 버튼을 탭하면 정산 화면으로 이동합니다.

Description	
1	• 주문내역 우측에 '카카오페이 1/N 정산하기' 버튼 추가 • '카카오페이' 로고 디자인 가이드 활용 　(디자이너 검토 필요) • 카카오페이 머니 미사용 고객은 기존과 동일하게 '주문내역'만 노출 • 해당 버튼 신규 추가 외 나머지 기능은 전부 기존과 동일하게 동작
2	• 최초 1회 안내 툴팁 제공 • 툴팁 문구: "정산하기로 친구들과 선물비용을 나눠보세요!" • X 눌러 닫는 경우 다시 노출하지 않음 • 계정당 1회 노출하며, 앱을 재설치하더라도 다시 노출하지 않음
3	• 정산하기 화면 전환 시 선물한 상품의 가격이 자동 입력된 상태 • 친구 정보는 비워진 상태로 전환되며, 　좌상단 뒤로가기 탭하면 선물 완료 페이지로 다시 이동

예외 케이스 설계

사람들이 메인으로 사용할 시나리오를 다 작성하고 나면, 이제 예외 시나리오를 짜야 합니다. 바로 플랜 'B, C, D'입니다. '예상치 못한 방식'의 사용성에 대해서 정의해두는 것이라고 생각하시면 됩니다. 팝업을 띄워서 그렇게는 사용할 수 없다고 알려주거나, 잘못된 방식으로 들어왔더라도 바르게 이용하도록 자연스럽게 연결해주거나 하는 것이죠. 그 외에도 네트워크가 끊겨 도중에 멈췄거나, 작업 시간이 오래 걸릴 것을 대비하여 로딩 화면을 추가하는 경우도 있습니다.

예외 케이스를 작성할 때에도 앞서 작성한 메인 시나리오를 생각하면서 작업해야 합니다. 3단계의 예외 케이스를 작성한 다음에 1단계 예외 케이스를 작성하는 것이 아니라, 앞서 메인 시나리오를 작성한 순서에 맞춰 예외 케이스도 작성하는 것이죠. 그렇게 해야 앞서 확인한 시나리오를 기억하며 예외 케이스도 차근차근 확인할 수 있습니다.

이때 주니어들이 가장 걱정하는 것이 있는데요. '누락하는 케이스가 있으면 어쩌지?'하는 것입니다. 최대한 완벽하게 설계서만 보고 개발을 했을 때 어떤 문제도 발생하지 않았으면 하는 것이죠. 하지만, 단연코 그것은 불가능합니다. 어마어마한 천재라면 모든 경우의 수를 개인의 힘으로 다 생각해낼 수 있을지 모르겠지만, 보통의 능력이라면 절대로 다 반영할 수 없습니다. 논의 과정, 개발 과정, QA 과정, 혹은 배포 후 사용자의 피드백 등으로 맞춰가는 것이죠. 저희는 그저 할 수 있는 한에서 최선을 다하면 됩니다. 도저히 생각이 안 나는 시점에 도달했다면 그것이 '완성의 시점'입니다.

[예외 케이스 | 화면 전환 시 네트워크 이슈 발생]

정산 화면 전환에 오랜 시간이 걸리면 로딩 화면을 보여주고,
중간에 네트워크 연결이 끊기는 경우 실패 얼럿을 노출합니다.

업데이트

저는 앞서 기획서는 '기획자가 이야기를 전달하고, 여러 이해관계자들과 논의를 하기 위한 문서'라고 말씀드렸습니다. 이때 논의를 하게 되면 필히 업데이트를 해야만 합니다. 앞서 공백으

로 남겨 놓은 화이트보드를 채워가는 것이죠. 이 업데이트도 눈에 잘 띄게 변경 사항을 한눈에 확인하실 수 있도록 하는 것이 중요합니다. 결국에 최종 논의된 사항으로 반영만 잘 되면 괜찮은 것이 아닌가 생각하실 수 있지만, 이 과정이 잘 기록되지 않으면 사고가 발생합니다.

가장 일반적으로 발생하는 사고는 '어떤 것이 최종 버전의 문서인지 모르는 사고'입니다. 이전 버전의 문서를 보고 개발을 하다가, 뒤늦게 최종 버전을 확인하게 되는 것이죠. 논의가 없었던 것으로 인식하는 문제도 큽니다. 이해관계자의 깊은 혈투 속에 결정된 기능인데, 마치 처음부터 깔끔하게 정의되었던 것으로 모두가 인식하게 되는 것이죠. 시간이 흘러 만약 해당 기능에 대해서 다르게 반영해달라는 요구가 들어왔을 때, 이러한 혈투 과정을 기억하지 못하게 되면 단순하게 진행을 하게 될 수도 있습니다. 분명 이래서 힘들고, 저래서 어려웠던 작업이었는데, 그 사실을 까마득히 잊어버리게 되는 것입니다.

이런 크고 작은 사고를 방지하기 위해 조금 귀찮겠지만 업데이트했던 시간과 수정한 내용만 잘 보이게 기록해 둬야 합니다. 이 부분은 기획자에 따라 방식이 천차만별인 것 같은데요. 저는 보통 가장 앞부분에 업데이트 내역 장표를 두고, 그곳에 버전과 함께 무엇을 업데이트했는지 정리해 둡니다. 그리고 상세 설계서에 업데이트한 내용을 잘 표시하죠. 각 버전별로 구분을 쉽게 하실 수 있도록 색깔로 구분하는 편입니다. 이렇게 하면 표시가 덕지덕지 붙은 페이지가 나오고는 하는데요. 나중에 보면, '아, 정말 그때 엄청난 혈투가 있었지…' 하며 뿌듯한 감정이 느껴질 때도 있습니다.

[업데이트 내역]

Date	Version	Description	Sticker
2021.08.02	0.1	• 초안 작성	
2021.12.15	0.2	• 툴팁 노출 조건 변경	0.2
2022.01.04	0.3	• 툴팁 문구 변경 • 네트워크 연결 끊김 얼럿 문구 변경	0.3

[예외 케이스 | 화면 전환 시 네트워크 이슈 발생] 0.2 0.3

정산 화면 전환에 오랜 시간이 걸리면 로딩 화면을 보여주고,
중간에 네트워크 연결이 끊기는 경우 실패 얼럿을 노출합니다.

이번 챕터에서는 기획서에 대해서 조금 길게 다뤄 보았습니다. 기획자의 수만큼 기획서의 양식도 다양하고, 조직에 따라 다른 경우도 정말 많기 때문에 어떤 하나의 방법론을 전달한다는 것은 두려운 일입니다. 제가 말한 것이 어느 조직에서는 전혀 적용되지 않을 수도 있기 때문이죠. 그러나 보편적으로 통할 '만고의 논리'라고 여겨지는 것 하나는 기획서가 결국 기획자의 '이야기'라는 점입니다. 거창하게 생각할 것 없이 '이야기 전달'이라고 보는 것이죠. 동료들을 이야기를 잘 전달해야 하는 '친구'라고 여긴다면 그 방식은 조금씩 달라지더라도 마음은 잘 전달될 것입니다. 기획서를 가볍게 대화를 하기 위한 하나의 수단으로 생각하셨으면 좋겠습니다.

chapter

3

책임 있는
자유

회사에 출근하고 1년 남짓한 시간이 되지 않았을 때, 같은 대한민국임에도 문화적 차이를 느껴 매우 힘들어했던 기억이 있습니다. 그 막연했던 자유와 힘듦에 대해서 한 번쯤은 정리해 보고 싶었습니다. 이번 챕터에서는 모두가 선망하는 '회사 같지 않음'이 어떻게 이질감과 고통으로 느껴질 수 있는지, 그때 어떠한 대처방안을 찾았는지 말해 보려고 합니다.

'문화'와 '구조'*의
차이

대한민국의 IT 회사는 수평적 조직문화를 표방합니다. 이유는 너무도 명료합니다. 세상은 너무도 빠르게 변화하고, 과거에 옳았던 대응이 현재는 옳지 않기를 반복하기도 합니다. 또 새로운 기술과 이야기도 쉼 없이 생겨납니다. 상부에서 하부로 업무가 하달되는 수직적인 조직 형태에서는 이 변화에 대한 대응이 느려질 수밖에 없습니다. 좁은 시야로 점점 팽창하는 세상을 감당해야 하기 때문에 다소 고정화된 상부의 지식이 옳지 않을 가능성도 높습니다. 이를 모를 리 없는 IT 회사들은 너나 할 것 없이 '수평적'인 문화를 표방하는 조직문화를 구축하려고 노력하고 있습니다.

* 장영학, Publy 〈수평적 조직문화 파헤치기〉

모두가 수평적 문화를 선망합니다. 수평적인 조직의 이미지를 마치 동아리와 같은 편안함 속에서 일하는 것으로 여기는 사람들도 많은 것 같습니다. 이것이 바로 많은 이들이 IT업계를 선망하는 이유일 겁니다. 상명하복에 따라 딱딱한 결재서류로 일방적으로 보고하는 것이 아닌, 어떤 지위의 의견이든 모두 경청하며 화이트보드에 선명하게 수렴될 것 같고, 내가 어떤 행색으로 회사를 다닌다 해도 어느 누구의 간섭도 받지 않을 것 같은 기분이 드는 것이죠.

저도 많은 IT 회사를 거친 것은 아니기에 단언할 수는 없지만, 개인적으로 IT 회사의 문화로 상징되는 '수평적'이라는 것이 마치 기업 문화가 지향해야 할 '유토피아'로 이해되고 있는 것은 아닌지 의심이 됩니다. 결론부터 말씀드리면 이것은 오해의 소지가 있습니다. 수평적이라고 해서 의사결정 주권이 모두에게 분배되어 매번 표결에 붙여지는 것도 아니고, 모든 행위의 자율성을 보장받는 것도 아닙니다. 이는 단순히 조직문화를 대외적으로 홍보하기 위한 가장 보편적 단어일 뿐이라 생각합니다. 조직의 구성은 훨씬 더 복잡합니다. 일단 이 오해에 대해 한번 짚고 넘어가겠습니다.

저 또한 수평적 문화를 선망했습니다. 하지만 실제로 입사 후 그 간극에 큰 고통을 느꼈습니다.

가장 큰 고통은 의사결정 구조에서 왔습니다. '수평'이라고 하면 말 그대로 수면처럼 평평한 상태를 일컫는데, 모든 이가 모나지 않게 평평한 힘을 가진 것 같지 않았습니다. 예상했던 보통의 회사처럼 의사결정의 권한을 가진 사람들이 있었고, 그들에게 최종적인 결정을 받아야 했습니다. 저 혼자 마무리할 수 있는 건 거의 없었습니다. 그런데도 이것이 수평적이라고 해야 할까요? 이해가 가지 않았습니다. 추후 알게 된 건 제가 '조직문화'와 '조직구조'를 혼동했다는 겁니다. '조직문화'의 대표적 정의는 다음과 같습니다.

'조직문화'는 구성원들의 가치관, 신념, 그리고 원칙들의 총합을 나타내는 것으로, 조직의 역사, 제품, 시장, 기술, 전략, 구성원들의 성격, 경영 스타일, 그리고 소속 국가의 문화 같은 요소들의 영향을 받는다. 조직문화에는 조직의 비전, 가치관, 규범, 체계, 상징, 언어, 전제, 환경, 위치, 신념, 그리고 습관 등이 포함된다.[*]

복잡한 이 문장에서 차 떼고 포 떼어 무엇을 나타내는지 간략히 언급해 보면 '구성원들의 가치관, 신념, 그리고 원칙'입니다. 회사에서 일하는 구성원들의 정신적인 자세, 협력 방식 정도로

---

[*] 데이비드 니들, 「Business in Context」, Cengage Learning Business Press (2004)

치환해 볼 수 있겠죠.

반면, 조직구조의 대표적 정의를 보면 다음과 같습니다.

'조직구조'란 조직구성원들의 상호관계, 즉 조직 내에서의 권력 관계, 지위·계층 관계, 조직구성원들의 역할 배분·조정의 양태, 조직구성원들의 활동에 관한 관리체계 등을 통틀어 일컫는 말이다.*

이 역시 우리가 가장 자주 들어본 말로 요약해 보면 '권력 관계, 지위·계층 관계'입니다. 대리, 과장, 부장 이러한 지위 관계가 '조직구조'라면, 그들이 어떠한 마음가짐으로 협업을 하고 서로를 존중하는지 등은 '조직문화'에 해당하는 것입니다. 더욱더 간략하게 표현하자면 조직도가 조직구조이고, 조직이 일할 때 지키는 수칙 등은 조직문화인 것이죠. 조직구조는 마치 뼈대에 가깝고, 조직문화는 우리가 만들어내는 근육과 비슷합니다.

다시 수평적 조직문화로 돌아와서 생각해 보면, 이는 구성원 간 업무 원칙과 규율, 규범 등이 수평적으로 운영된다는 의미입니다. 조직의 문화는 미시적으로 들어가면 세부 사항이 많이 달라질 수 있기에 간단히 '수평적이다'라고 말하긴 어렵습니다. 통

---

* F.E.Kast and J. E. Rosenzweig, 『Contingency views of organization and management』 McGraw Hill 4th ed., 1895, p.234-235

상적인 개념의 수평적 조직문화라고 하면 구성원의 합의의 과정이 힘의 논리에 좌우되지 않고, 민주적인 논의를 거친 의사결정이 이루어지며, 구성원 간 신뢰를 바탕으로 한 문화가 포함될 것입니다. 그런데 이런 수평적 조직문화가 꼭 수평적 조직구조에서만 이뤄지는 것은 아닙니다. 과장, 부장, 전무의 서열이 확실한 수직적 조직구조에서도 수평적 조직문화가 가능합니다.

요즘 IT 회사들은 조직구조를 조금은 더 수평적으로 바꾸기 위해 최대한 간결하게 합니다. 대표, 리더, 평사원 등으로 매우 간단하게 바꾸는 것이죠. 그래도 역시 작게 쪼개진 팀이나 파트라는 단위가 있고 이를 이끄는 리더가 있습니다. 최고의 수평적 조직문화를 가진 조직이라고 해도 팀 단위 의사결정에서 이러한 리더급의 권한이 사라지기는 힘듭니다.

당장 제가 다니는 회사만 보아도 파트 리더, 파트가 몇 개 모인 조직의 리더, 이러한 조직이 몇 개 모인 기획자의 리더가 있습니다. 최종적 의사결정 기구인 대표도 있고요. 직함은 오직 '리더'뿐이고, 매우 간소화된 조직구조에 속하는 회사이지만 벌써 4개의 위계가 존재합니다. 사안에 따라 이들이 유기적으로 의사결정을 하게 됩니다.

그런데 왜 수평적 조직문화를 지향하면서도 이런 위계는 사라지지 않을까요? 그 이유는 '결정'과 '책임'에 있습니다. 논의가 필요한 주제에 대해서 누군가는 결정을 내리고 책임을 져야합니다. '매번 다수결로 결정하면 되지 않는가?'라는 반문이 있을 수 있겠으나, '결정의 속도가 더디다'는 문제가 발생하고 무엇보다 '책임'의 주체가 결정되지 않습니다. 결정의 권한이 모두에게 동등하기에 일이 잘못되어도 특정 누구에게 책임을 물을 수 없습니다. 이럴 경우 자칫 모두가 책임을 회피하는 일이 발생하기도 합니다. 물론 일의 잘못을 따지기 위해 책임 소재를 만드는 것은 아닙니다. 일이 잘되든, 잘못되든 그 성공과 실패의 경험이 조금이라도 더 있는 사람에게 일정량의 권한을 더 주자는 것이죠. 만약 모든 결과를 책임질 용기와 자신감이 있다면, 보고체계 없이 남몰래 진행할 수도 있습니다. 그러나 개인적으로도, 회사 차원에서도 이는 안전하거나 효율적인 방안은 아닐 것입니다.

즉, 팀장님이 결정해도 수평적 조직문화입니다.

우리 회사는 무늬만 수평적이라며 불평을 하고, 의사결정 권한이 다소 치우쳐 있는 것에 스트레스를 받을 때가 있습니다. 각종 주제에 대해 의사결정을 받기 위해 보고를 하다 보면 이런 마음이 커지고는 합니다. 이제부터는 사고방식에 조금은 여유를 주어 이를 책임을 나눠주는 과정이라고 생각해 봅시다. 내가 100이라는 책임을 갖고 있다가, 팀장님께 보고하며 60 정도를 떼어주고,

실패 시 당할 고통도 그 정도 나눠줬다고 생각하는 것입니다.

또한 의사결정 구조가 수직적이라 하여도 그 논의가 수평적이고 합리적으로 이뤄졌다면 이는 수평적이라 말할 수 있습니다. 반대로 팀장님이 열린 자세를 갖지 않고 항상 100을 가져가겠다는 의지로 일을 한다면, 이는 문화마저 수직적인 것이겠죠.

이제는 '문화'와 '구조'를 구분해서 생각해야 합니다. IT 회사라고 해도 구조적 수직은 창업자가 아니라면 웬만해서는 피할 수 없습니다. 의사결정 단계가 많고 적음은 있겠지만, '의사결정 없음'은 존재하지 않을 것이라는 작은 체념을 가지는 것도 나쁘지는 않을 겁니다.

침묵 깨부수기

앞서 저는 일반적인 IT 회사들은 수직적 조직구조와 수평적 조직문화로 이루어져 있다고 말했습니다. 내 위에 팀장님이 있고 이사님이 있을 수 있지만(수직적 조직구조), 그들과 평등한 의사소통을 하며(수평적 조직문화), '결정'을 하는 과정을 거치게 됩니다. 이 결정에는 내게 권한이 있거나 구조상 위쪽으로 향해야 하는 결정도 있습니다.

내가 할 수 있는 결정에는 어떤 것이 있을까요? IT 회사라면 주니어라도 본인이 결정해야 하는 업무가 비교적 많습니다. 나에게 주어진 범위에서는 '책임'은 당연히 나에게 있습니다. 결정력을 갖는다는 것은 책임을 지겠다는 의지와 크게 다르지 않습니다. 나의 자유로운 선택을 위해 권한을 받았다면 책임은 필수 불가결

한 요소입니다.

전통적인 회사는 모든 결정을 할 때 나의 사수나 선임의 책임 요소가 있습니다. 그들이 A부터 Z까지 모든 걸 다 챙겨주기 때문이죠. 반면 IT 회사들은 사수가 없는 곳도 있고, 사수가 있지만 A부터 C 정도만 챙겨 주는 경우도 있습니다. 혹은 문화를 체득하도록 초반부 온 보딩on-boarding에만 사수의 역할을 부여해 허허벌판인 광야에서 살아남게 하는 경우도 있죠.

대학에서 높은 자유도를 경험하며 프로젝트를 진행할 때 우리는 이러한 권한과 자율성에 대해서 깊은 만족도를 겪습니다. 나의 의지대로 프로젝트를 완성할 수 있는 경험을 하기 때문이죠. 내가 발의하고, 동의를 얻고, 계획대로 임무를 완수합니다. 그렇게 완결된 프로젝트가 세상에서도 동의를 얻으면 성취감도 느낄 수 있어 행복합니다. 하지만 시작부터 끝까지 아름다운 이 스토리는 회사에서는 안타깝게도 시작부터 불행합니다.

정확한 통계를 알 수는 없지만, 제 생각에 대한민국의 많은 이들은 정해진 틀에 맞춰서 일을 실행하는 것보다 처음부터 일을 만들어내는 것을 더 어려워할 것이라 생각합니다.

많은 생각을 하고 준비를 해야 하는 것뿐 아니라, 많은 이들에게 제안을 해야 하고, 동의의 과정을 얻는 고된 일이 기다리고 있기 때문입니다.

무엇보다도, 많은 제안 중 무언가를 바꿔야 한다고 '처음' 이야기하는 것은 큰 용기를 필요로 합니다. 기업이 아무리 변화를 목놓아 외쳐도 대부분 큰 변화를 싫어합니다. 변화는 불확실성을 증가시키고, 안정적이지 않은 것으로 여겨지기에 일단 거부하게 되죠. 그런데, 우리가 제안하는 일이 결국 '어떤 것을 바꾸자'고 하는 일입니다. 개선을 하든지, 새로운 기능을 넣든지 변화를 주는 것이죠.

그럼 이때, 발제한 사람의 내용이 좋다면 반응이 달라질까요? 저는 아니라고 생각합니다. 기본적으로 인간의 부정적 감정을 건드리는 일이기 때문에, 무엇을 말하던지 일단 고운 시선을 보내지는 않을 가능성이 높습니다. 지금 아무런 문제가 없다는 것은 결국 '잘 된다', '멀쩡하다'는 것인데, 굳이 변화를 이야기하는 것은 현 상황을 더 '어렵게', '예측 불가능하게' 만들기 때문입니다.

그러니 첫 발제를 할 때는, 어차피 고운 시선을 받기는 글렀다 생각하시고 일단 지르고 보는 것도 나쁘지 않습니다. 너무 완벽하게 준비하려고 하지 말고, 방어기제를 한 번 깨는 데 의의를 두는 것이죠.

변화에 대한 첫 화두는 늘 부정적인 시선이 꼬리표처럼 따라오겠지만, 몇 차례 반복되면 서서히 관심을 보이며 그 기제를 풀게 되는 것 같습니다. 자주 접하다 보면 새로운 것이나 불확실한 것이 아닌 것으로 느껴지는 것이죠.

처음 화제를 던지는 사람의 역할은 완벽한 제안으로 단번에 결 판내는 것이라고 생각하지 않습니다. 수많은 두려움을 무릅쓰고 서비스의 발전을 위해 용기를 한 번 내주는 것이죠.

침묵을 깨는 발언, 그 자체로 잘했다고 봅니다.

사업을 기획하거나, 서비스를 기획하거나 PM이거나 우리는 모두가 논의할 의제가 필요합니다. 이것이 일의 시발점이죠. 이 의제가 성공적일지 참패할지 아무도 알지 못합니다. 일단 어떻든 운을 띄워야 하고 그것에서 구성원 모두의 일이 시작됩니다. 그러니 이것이 죽어도 싫다면 이 일을 하지 않는 것이 좋습니다. 싫지만 피할 수 없다는 사실을 안다면 방법은 가볍게, 최대한 가볍게 뱉는 것이라고 생각합니다. 이 행위의 격조를 최대한 낮추기 위해 발의를 '뱉기'로 재명명해 보았습니다.

적어도 첫 시작에는 '잘 한다'와 '못 한다'가 없다고 생각합니다. 일단 시작만으로도 '잘한 편'입니다. 다수의 두뇌가 참여할 수 있는 기회를 주었고, 그들의 생산성이 집중될 시공간을 마련해주었습니다. 그러니 시작하는 사람이라면 실패의 두려움에서 벗어나 무조건 '잘한 것'이라고 생각했으면 좋겠습니다. 완성도에 대해 불평을 하는 이에겐 '의견을 제시하지도 못한 비겁함'을 조롱해도 좋습니다.

세상의 다양한 솔루션을 보고 마음 수련을 하고, 일기를 쓰기도 해 보았지만 사람들 앞에서 무언가를 제시하는 것은 언제나 두려웠습니다. 나 아닌 다른 모든 눈과 귀는 그 어떤 무기보다 강력해 보였던 것 같습니다. 비록 아직도 이 두려움은 도사리고 있어 시작을 매번 방해하지만 제 무기는 '나는 잘하고 있다'는 마음일 뿐입니다.

더블 클릭도 아닌 그저 실행할 파일을 고르기 위해 한 번의 클릭을 해 본다고 생각하며, 그 자체로 나의 밥벌이를 완수했다고 생각하며, 말로 글로 뱉습니다. 아무리 생각해도 참 너무 잘했습니다.

'결정 장애'를 가진
당신을 위해

직장인의 큰 난제는 '무엇을 보고하고, 무엇을 내 선에서 진행할 것인가'일 겁니다. 또 이는 '어떤 부분까지 나의 책임으로 감수할 것인가'에 대한 고민이기도 하죠. 이때 판단 기준은 명확합니다. 책임을 위임하고 싶은 문제는 보고하면 됩니다. 하지만 문제가 생겼을 때 내가 100퍼센트 책임을 지겠다는 문제라면 굳이 보고할 필요가 없습니다. 때로는 보고를 하지 않아도 기꺼이 책임을 감수해주시는 멋진 팀장님도 더러 있습니다. 말을 하고 안 하고는 그리 문제가 되지 않을 수도 있다는 것이죠. 그럼에도 우리가 끊임없이 '결정 가능 여부에 대한 결정 장애'를 가지는 이유는 사실 팀장님, 선배님에 대한 두려움 때문일 것입니다.

그런데 내가 결정하는 것이 두려워 모든 의사결정을 상사에게 위임하게 되면 내 마음이 편해질까요? 아닙니다. 나의 일을 위해 그들의 시간을 할애했다는 사실 때문에 더욱 두려워질지 모릅니다. 실제로 언짢아하는 경우도 있습니다. 그럼 모든 것을 다 내가 결정해야 할까요? 그것도 아닙니다. 완벽할 수 없는 결정이 산더미처럼 불어난다면 나중에 큰 재난으로 돌아올 수 있습니다.

이 이야기는 결국 아무리 작은 조직이라 해도 정말 사소한 의사결정 정도는 해야 한다는 겁니다. 설령 일단 처리하고 사후에 보고한다고 해도 결정은 해야 합니다. 보고할 것과 아닌 것을 매번 직감적으로 잘 구분하고, 자신이 한 결정에 대해서 항상 별문제가 없다면 참 좋겠습니다만, 대부분은 아닐 것입니다. 직감에 대해서 고민하고, 결정에 대해서 고민하고, 고민에 대해서 고민하는 지경에 이르고는 합니다. 그러니 우리는 앞으로 결정의 기준을 만들고, 과정을 나름대로 정의하는 것이 좋습니다. 다소 기계적일 수 있는 과정을 만들어 놓으면 마음이 조금은 편해지는 법이죠.

결정은 '의사결정'과 '진행 여부 결정' 두 가지로 나뉩니다.

개인적인 의견이지만 저는 어떤 문제라도 '의사결정'은 하는 것이 옳다고 생각합니다. '진행 여부 결정'에 대해서만 위로 올릴지 나의 선에서 마무리할지 판단하면 됩니다. 내 생각을 결정하는 것과 실제로 실행하는 것은 다른 문제입니다. 생각은 아직 실행되지 않아 항상 바꿀 수 있지만, 그 생각이 진짜로 진행되어 버리면 때에 따라서 영영 바꾸기 어려울 수 있기 때문이죠. 진행 여부를 결정하는 것이 그래서 어려운 것입니다. 하지만, 나의 뜻은 언제나 정할 수 있습니다. 진짜 진행의 판단은 다른 사람한테 맡길 수 있더라도 생각의 방향성은 누구나 정할 수 있습니다.

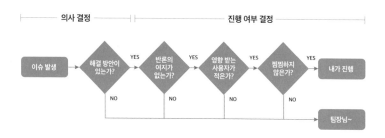

위 그림은 실제로 제가 일하는 방식인데요. 의사결정이 표시된 부분까지는 이슈에 대한 나의 생각을 정리하는 부분이고, 그다음 단계부터는 진행 여부를 판단할 때 필요한 과정입니다. IT 회사에서 일반적으로 발생하는 이슈를 가져와서 단계적으로 보겠습니다.

당신은 글로벌 메신저 서비스 기획자입니다. 새로운 기능을 넣는 프로젝트를 진행하고 있습니다. 기존 방의 멤버를 활용하여 새 메시지방을 만드는 기능이죠. '새 메시지방 만들기'라고 이름도 지었습니다. '새 메시지방 만들기'라는 버튼을 누르면 기능을 시작할 수 있죠.

그런데 개발 진행 중 갑자기 개발자로부터 메시지가 옵니다.

"그런데 이거… 영어 문구로 교체하니까 일부 기기 모바일 화면에서 좀 잘리는데요?"

아뿔싸 영어로 하니 'Create New Message Room' 꽤 길기는 하네요. 어떻게 해결하는 것이 좋을까요?

의사 결정

이슈가 왔습니다. 일단 문제 해결을 위해 영어 문구를 조금 교체해 보겠습니다. 이때는 아예 다른 문구로 교체하는 방법이 있을 것이고, 문구를 그대로 둔 채 잘리는 경우 말 줄임표(…)를 넣는 방법도 있을 것 같습니다. 문구를 조금 자르면 'New Message Room' 정도로 교체할 수 있을 것 같은데, 무언가 기능을 명확히 설명하지 못 하는 것 같습니다. 얼마나 많은 기기에서 잘릴지 모르겠지만 잘리는 경우 말 줄임표를 넣는 것이 좋겠다는 생각이 듭니다.

만약 이 과정에서 방안을 도저히 떠올리지 못하겠다면, 바로 팀장님께 도움을 요청해도 됩니다. 수많은 사건을 겪었을 테니 분명 대안을 찾아 주실 것입니다. 하지만, 저는 개인적으로 이 과정은 필히 개인적으로 진행하고 물어보아야 한다는 생각입니다. 질문에 무례함을 덜어야 하기 때문입니다. 이런 질문은 당사자를 힘들게 합니다.

"팀장님, 문구가 좀 잘린다고 하는데, 어떻게 하면 좋을까요?"

당사자는 분명 궁금해서 물어본 것이고 악의가 있는 질문도 아닙니다. 그럼에도 이 질문은 상대방을 괜스레 기분 나쁘게 할 수 있습니다. 고민의 거의 대부분을 양도해 버렸기 때문입니다.

우리는 보통 열린 결말의 영화를 보고 나오면 어딘가 찜찜한 기분을 느끼고는 합니다. 이를 '미완성 효과'라고도 하는데요. 해결되지 않은 생각들은 아주 쉽게 쌓이고 불안과 방해를 유발하기 때문입니다.* 그러니 문제를 몽땅 던지는 것이 아니라 내 수준에서 고민해 보고 어느 정도 해결해야 하는 것이죠. 그래야 상대방의 피로도를 낮출 수 있습니다. 바로 이렇게 말입니다.

"팀장님 문구가 좀 잘린다고 하는데, 말 줄임 표시를 넣으면 어떨까요?"

* E. J. Masicampo and Roy F. Baumeister, 〈Consider It Done! Plan Making Can Eliminate the Cognitive Effects of Unfulfilled Goals〉 (2011)

이 정도면 아무리 업계 경험이 없다고 해도 대답을 할 수 있을 법한 문장이 됩니다. 정말 악의적인 사람이 아니라면 쉽게 자신의 의견을 주실 겁니다. 이런 질문은 개인적인 발전에도 큰 도움이 됩니다. 어떤 현상에 대해서 해결책을 내려본 경험만큼 고귀한 것은 없습니다. 모든 것을 일임하기 시작하면 다른 사람의 생각에 복제되어 버리고, 자신의 논리를 정리하는 습관을 잃게 됩니다. 이것이 바로 나만의 뜻을 정해야 하는 가장 큰 이유입니다.

진행 여부 결정

나의 뜻은 정했습니다. 말 줄임 표시가 더 낫겠다고 생각했습니다. 이런 것까지 판단을 위임하는 것이 조금은 이상하다는 생각이 들어 바로 결정하면 어떨지 한번 차근차근 생각해 보려고 합니다. 일단 다른 대안이 있었는지 살펴 보겠습니다. 앞서 하나의 해결 방안이 있었습니다.
'영어 문구만 New Message Room으로 바꾼다.' 어딘지 모르게 어색하고 나아 보이지 않습니다. 말 줄임 외에는 딱히 좋은 대안이 없는 것으로 여겨져서 다음 방안으로 넘어가겠습니다.

이 단계는 다른 대안들을 체크하는 과정이 아닙니다. '반론의 여지'라는 것은 나의 주장에 대해서 반박할 논리를 체크하는 과정입니다. 새로운 대안을 바탕으로 반박할 수 있지만, 나의 주장이 탄탄한 근거가 잡혀 있는지를 체크하는 것이죠. 위 경우라면 다른 사람이 나의 주장에 대해서 어떻게 반박할 것인가의 관점으로 보는 것입니다. 어떤 이는 말 줄임 표시를 했을 때 그 영역이 잡아먹는 위치까지 한 글씨라도 보여주는 것이 옳다고 생각하여 그냥 글자를 자르자고 할 수도 있습니다. 위의 대안처럼 문구를 교체하는 것이 옳다고 반박 논리를 표현할 수도 있죠.

다른 대안을 찾는 방향으로 생각하게 되면 나의 주장에 대한 근거를 먼저 생각하지 않았기에 판단 기준이 모호하고 무한합니다. 내 주장에 대한 '반론'이 무엇인가의 관점으로 보면, 다른 대안들 중 이것으로 진행해야 하는 이유를 생각할 수 있게 됩니다.

[예시]

반론 1 말 줄임이 잡아먹는 영역이 아깝지 않나요?

답변 1 영역이 아까울 수 있으나 이마저 표현하지 않는다면 잘못 잘린 것으로 오해하게 되어 더 혼란스럽다고 생각합니다.

반론 2 문제가 되는 것은 영어 하나인데 영어 문구만 교체하는 것이 좋지 않나요?

답변 2 문구가 줄어들었을 때 인지가 쉬운 단어가 마땅히 없습니다. 아울러, 일정 사이즈 이하가 되면 문구를 일부 줄여도 잘리는 현상이 발생합니다.

반론과 나의 답변을 생각하며 나의 주장을 공고히 해 보는 것입니다. 대안이 있는지가 아니라, 대부분이 나에게 동의할 것인가에 대한 문제입니다. 내 판단에 대한 희미했던 근거를 다시 짚어 볼 수 있고 혹시 모를 빈틈을 찾아낼 수도 있죠.

다음으로 넘어가 영향을 받는 사용자를 보겠습니다. 3.5인치 이하의 매우 작은 기기에서만 영향을 받는 것으로 확인되었네요. 이용자도 1퍼센트 미만입니다. 역시 영향을 받는 사용자도 적네요. 이 부분은 괜찮아 보입니다. 바로 넘어가려고 합니다.

이 과정에서 간과한 것이 있는데요, 단순 사용자의 수로 결정하기보다는 적은 수라도 그들에게 미칠 영향 또한 고려해야 합니다. 극단적으로 1퍼센트의 사용자에게 알파벳은 두 글자만 나오고 말 줄임 표시만 나오면 어떻게 될까요? 1퍼센트가 아예 못 쓸 수 있는 상황이라면 다시 생각해 보아야 하는 것이죠. 그러니 말줄임 영역에 조금이라도 알파벳을 보여주는 것이 나을 수도 있습니다.

영향을 받는 사용자가 중요한 것은 맞지만, 이는 빠른 판단을 위한 하나의 질문입니다. 이슈를 팀장님께 전달할지 말지 고민하기 위한 질문은 될 수 있지만, 사용자 수가 적다고 해서 무조건 괜찮다는 것은 아닙니다.

모든 것을 최대한 체크했지만, 결정을 내려도 될지 애매합니다. 이 시점까지 오니 굳이 또 다른 판단을 들어야 할지 싶은데 그냥 넘어갔다가 나중에 문의가 들어올 것도 같습니다. 하지만, 역시나 그리 중요한 이슈는 아닌 것처럼 보여 그냥 개발자에게 의견을 전달하려고 합니다.

사실 여기까지 왔다면 조금이라도 찜찜한 기분이 느껴질 때 바로 여쭤봐도 된다고 생각합니다. 우리가 이 문제를 이렇게 오랫동안 고민한 이유는 결국 '나의 간단해 보이는 이 질문이 팀장님을 귀찮게 하지는 않을까?'였을 겁니다. 그런데 지금까지 진행하고 보니 어떤가요? 결론적으로 상사에게 질문할 내용이 너무나도 간결해졌습니다. 방안을 선택했고, 다른 대안이 어려운 이유도 생각했습니다. 그리고 영향을 받을 사용자와 그들에게 어느 정도 심각한 영향을 미칠지도 생각을 해 보았죠. 상사에게 보고를 할 때 중요한 요소는 다 갖춰졌습니다. 이를 잘 정리하여 여쭤본다면 아무도 귀찮아하지 않을 겁니다. 그러면 지금까지의 내용을 잘 정리해 보겠습니다.

팀장님, 개발 중 이슈가 발생해 방안을 생각해 보았는데요.

혹시 다른 대안이 있으면 말씀 부탁드립니다.

이슈: 일부 작은 기기의 새 메시지방 만들기 영문 문구 'Create New Message Room'이 잘림

해결 방안: 잘리는 경우 (…) 표시 추가. Ex) Create New Mess(…)

그 외 대안:

1. 말 줄임 표시 없이 글자 자르기

   일부 영역은 보존할 수 있으나 이마저 표현하지 않는다면 단순히 잘린 것으로 오해하게 되어 버그로 인식될 우려가 있음

2. 영어 문구만 'New Message Room'로 교체 시 기능을 인지하기 어려움, 매우 작은 기기인 경우 동일한 이슈가 다시 발생하게 됨

말 줄임 표시 시 영향 범위: 전체 모바일 사용자의 1% 미만

이 정도로 잘 정제된 질문임에도 상대가 불편함을 느낀다면 이제는 그분을 마음대로 욕하셔도 됩니다. 이 정도까지 가지 않고 이슈와 방안만 가져간다고 하여도 사실 문제 될 것은 전혀 없다고 생각하지만, 이 과정에 개인적 발전도 취할 수 있다고 생각하기에 결정이 필요한 순간 이와 같은 절차를 밟아 보신다면 좋을 듯합니다. 모든 것은 개인적인 데이터가 될 것입니다.

'재택근무'라는 이름의
디스트레스

요즘 IT 업계를 선호하는 가장 큰 장점이라 하면 많은 사람들이 '자율적인 출퇴근 시간'을 꼽을 것입니다. 원하는 시간에 출퇴근을 하되 정해진 근무 시간만 채우고, 나의 업무만 마무리하면 되는 것이죠. 이에 더해서 최근에는 재택근무도 늘어나는 추세입니다. 둘이 합쳐지면 정말 아름다운 근무제도입니다. 아침에 늦잠을 잘 수도 있고, 가족을 돌보아야 하는 경우 유연하게 근무 시간을 쓸 수도 있습니다. 업무에 지장만 없다면 그 어떤 방식이든 문제가 없습니다.

주 69시간 근무제를 통보받은 근로자들에겐 복에 겨운 소리라고 생각하실 수도 있겠지만, 저는 아이러니하게도 이 두 가지가 합쳐진 삶에서 꽤나 고통을 받았습니다. 몇 년 동안 이것이 통합

된 근무를 하며 부작용이 누적된 것인데요. 어떤 이에게는 이것이 동일한 영향을 미칠 수 있겠다 싶어서 제가 겪었던 고통을 소상히 밝혀 보겠습니다.

시공간의 무질서

제가 근무한 회사는 원래 자율근무제를 실시하고 있었습니다. 원하는 시간에 출·퇴근을 하고, 회의가 있다면 그 시간에는 모두 출근하는 것을 원칙으로 하는 방식이었죠. 자율근무제로 출근을 하던 시기 저는 생활에 큰 문제가 없었습니다. 개인적으로 저는 어느 정도 루틴과 긴장감이 있는 삶을 선호하는 편입니다. 회사라는 공간은 출근을 했을 때 적절한 수준의 긴장을 하게 했고, 자율근무제 하에서도 나름의 루틴을 만들었습니다. 간략하게 저의 하루를 말씀드려보겠습니다.

회사에 출근할 때, 아침 7시 반에 일어나 운동을 한 뒤 10시~10시 30분까지 출근을 했습니다. 다른 직장인에 비해 시간적 여유가 있어 없는 루틴도 만들어 생활했습니다. 이렇듯 정연한 삶이 주는 안정감을 좋아했기 때문입니다. 일이야 매일 다르겠지만, 마음은 안정감을 느끼는 규칙이 생긴 것이죠. 그런데, 코로나 팬데믹이 시작되자 일상은 무질서해지고 서서히 무너지기 시작했습니다. 재택이 시작된 뒤 자연스럽게 알람 설정을 해지했습니다. 10시 전에만 일어나면 된다는 생각으로 가능한 최대로 게을러졌습니다. 매일 같이 정돈되지 않은 마음과 몸으로 컴퓨터 앞에 앉았고, 환경적 긴장감이 사라지니 공백 시간에 다른 생각을 하기 시작하더군요. 때마침 담당했던 과제도 진행이 더뎌지면서 여러 복잡한 생각이 극심해졌습니다. 설계서를 읽다 말고 '나는 이러고 있어도 될까… 이렇게 조직에 기여를 못 해도 될까… 오랜 시간 그냥 이렇게 기다려도 될까…'라며 스스로 자책하기 시작했습니다. 어쩌다 전해 받은 일도 못 하겠다며 반납하기도 했죠.

공간적 질서로 인해 생긴 긴장감이 저에게 나름의 시간적 질서도 만들어주었는데, 그 질서가 무너지니 혼란은 점점 나를 갉아먹기 시작했습니다. 그렇게 몇 개월이 지나자 스트레스는 극에 달해 왼쪽 뇌 신경에 이상이 생겨 안면에 마비가 오기도 했습니다. 그제서야 저는 황급히 이 상황에서 빠져 나와야 된다는 생각이 들었습니다. 결국 상사에게 현 상태를 공유했고, 이후 적절한 업무 배분 덕에 무력감에서 서서히 빠져나올 수 있게 되었습니다.

이후 저는 억지로 루틴을 만들었습니다. 다시 알람을 설정해 아침엔 무조건 8시에 일어나 운동을 하고 자리에 앉았습니다. 정돈된 상태를 가능한 선에서 유지해야 사무실 언저리쯤 되는 긴장감을 느낄 수 있을 것 같았습니다. 정 힘들면 아예 오후쯤 매일 출근을 하기도 했습니다. 의지박약이라 내 환경이 의무적으로라도 어느 정도 긴장감을 주어야 진짜로 긴장을 한다고 생각했기 때문입니다. 그런 질서는 실제로 업무에 집중할 수 있도록 만들어주었습니다.

때로는 질서가 지독한 구속이 되기도 하지만, 저는 어느 정도의 질서는 정신 건강에 도움이 된다고 생각합니다. 업무 공간과 거주 공간의 물리적 구분이 없다는 것은 자신의 의지로 이를 끊어내야 하는 미션이 주어진 상황입니다. 거기에 시간적 자율성까지 보장받게 되면 아주 기초적인 시간표마저 내가 담당해야 하는 업무가 되는 것이죠.

본래 스트레스는 두 가지 용어로 나뉘어서 쓰입니다. 자신의 삶에 긍정적인 스트레스 요인을 유스트레스[eustress], 부정적 영향을 미치는 요인을 디스트레스[distress]라 하죠.* 직장에서 적정한 수준으로 긴장감을 느끼고 이것이 회사 생활에 도움이 된다면 이것이 유스트레스라고 생각합니다. 이는 무력감에 빠지지 않게 해주는 좋은 종류의 긴장감이자 스트레스인 겁니다. 아이러니하게도 적정한 스트레스가 없으면 더 우울해집니다.

그래서 저는 재택근무를 하더라도 나름의 규칙을 만드는 것이

* 박준성, 내 삶의 심리학 mind 〈스트레스, 별 거 아닌 것이 아니다〉

중요하다고 생각합니다. 만약 이러한 나름의 규제가 어렵다면 오히려 출근을 하는 편이 낫습니다. 아무도 간섭하지 않는 공간과 시간에서 오직 업무로 우리의 관계를 말한다는 것은 생각보다 훨씬 고통스럽습니다.

회의실 핑퐁 대화의 부재

재택근무와 함께 찾아온 또 다른 변화는 '화상회의'였습니다. 정해진 시간에 컴퓨터 앞 카메라에서 동료들을 만납니다. 그런데 커뮤니케이션의 55%를 차지하는 비언어적 요소가 제거되고 나니, '말' 그 자체만 상당히 중요해졌다는 생각이 들었습니다.*

보통 우리가 대면 회의를 하면 그룹 '다이내믹스'라는 것이 형성됩니다. 눈짓으로 '저 사람이 질문을 하겠구나' 하며 발언자가 말을 조절하는 것이죠. 그 과정에서 핑퐁을 하듯 자연스레 대화가 진행이 됩니다. 회의에 아무도 규정하지 않은 완급조절이 생기고, 때로는 산으로 가기도 하지만 참여자 간에 짧은 유대감이 생기기도 하죠.

그런데 비대면 화상회의가 시작되자 발언자에게 이런 눈치가

---

* 민재원, 한국의약통신 〈비언어적 요소의 중요성〉

사라지고 서로가 오롯이 PPT 화면만 보게 되었습니다. 발언자는 대중을 못 보니 딱딱하게 자료 화면을 읽어 나가고, 중간에 틈이 생기면 대중은 재빨리 눈치껏 질문을 해야 했습니다.

이처럼 매우 형식적이고 말 그대로 '회의만 하는 회의 시간'이 되니, 우리가 정말 일로만 만난 사이라는 생각이 들었습니다. 진행하는 프로젝트 외에는 서로 궁금한 것이 없는 것입니다. 사측에서는 효율성면에서 쌍수를 들며 반길지 모르겠으나, 직원들 간에 어느 정도 필요한 잡담이 없다는 사실은 회사가 일의 고통에서 벗어날 수 없는 곳이라는 불행함을 야기합니다.

직장에서 회의나 면담 전후 나누는 짧은 담소나 인사가, 퇴근 후 삶의 질에도 영향을 준다는 연구 결과도 있습니다.[*] 일상적인 대화로 상호 인정을 하고, 연결되어 있다는 감정을 느끼게 되고, 전반적인 사회에 대한 우호성이 증가하게 되는 것이죠. 화상회의는 업무를 빠르게 끝낼지는 모르나, 장기적인 서로의 만족감을 해칠 수 있는 방식인 것입니다.

이를 해결하기 위해 별도로 약속을 하고 잡담 시간을 만들어, 유대감을 쌓을 다른 대안을 만드는 것이 좋은 해결 방안이 될 것 같습니다. 하지만, 주니어나 신입 사원은 이마저도 쉽지 않습니다. 아예 새로운 유대감을 쌓아야 하기 때문이죠. 비대면 환경에

---

[*] 김명희, 〈동아 비즈니스 리뷰〉 341호. '업무 전후 소소한 잡담이 효율성 높여줘'

서도 물론 좋은 유대감을 쌓고, 가벼운 대화를 정기적으로 나누며 사는 분들도 계시겠지만, 결코 쉽지 않은 일입니다.

'메시지'로 형성되는 캐릭터

재택근무를 하면서 직접 시간을 잡고 만나야 하는 정도의 대화는 모두 메시지로 대체가 되었습니다. 그런데, 이 '메시지'로 일한다는 것이 생각보다 꽤 많은 문제를 파생시킵니다.

이 역시도 주니어나 신입에게는 더 어려운 환경입니다. 채팅창 밖의 그 사람이 어떤 인격일지 전혀 정보가 없기 때문이죠. 첫 대화를 메시지로 시작하다 보니 메시지의 어투를 상대방의 실제 성향으로 치환하게 됩니다. 이 메시지 어투는 대부분 엄격하게만 보이는 편입니다. 첫 만남에 '안녕하세요오~, 요것 좀 여쭤보고 싶어서용!' 하는 사람은 정말 극소수입니다.

상대방을 상당히 엄격하고 단호한 사람으로 여기게 되고, 이렇게 되면 지레 겁을 먹게 됩니다. '여기서 더 말하고 물어봐도 괜찮을까…?'라는 생각에 하고 싶은 말을 삼켜버리기도 하죠. 안 그래도 질문을 잘 못 하는 한국인 특성상, 얼굴 한 번 보고 물어볼 수 없는 이 상황은 질문을 한 개 두 개 속으로 삼키다가 결국 묵비권을 행사하게 만듭니다.

말을 삭히면 결국 업무는 혼자 알아서 해야 합니다. 이는 보통 더 오래 걸리고 옳지 않은 방식으로 진행되는 경우가 많죠.

개발자 중에 메시지의 어투가 굉장히 무섭게 느껴졌던 분이 있었습니다. '된다', '안 된다' 단호한 몇 가지 단어 외에는 입을 잘 떼지 않는 분이셨습니다. 어쩌다 출근을 하고 우연히 회식 자리가 겹쳐서 그분을 만났는데, 상상과는 너무도 다른 모습에 당황을 했습니다. 매우 유쾌하고 장난기가 많은 분이셨죠. 놀라웠습니다. 이 모습을 실제로 한 번만 보았다면, 그동안의 나의 메시지가 이토록 어렵지 않았을 텐데⋯. 어딘가 씁쓸하기도 했습니다.

물론 나름의 해결 방법도 있습니다. 요즘에도 꾸준히 노력 중인데, 일단 상대방의 메시지를 내가 맘대로 기분 좋게 읽어 보는 겁니다. 아무리 딱딱해도 '상대방이 웃으면서 보냈겠지' 하며 그냥 멋대로 생각하는 것이죠. 우스운 얘기지만 이러면 그나마 자신감이 생깁니다.

또한, 엔터는 최대한 뻔뻔하게 누릅니다. '그저 하나의 메시지이다. 별거 아니다.' 속으로 되뇌며 메모장에서 할 말을 잘 정리했다면 입력창에 넣자마자 바로 엔터를 누르려고 합니다. 보통 입력창에 적어 놓고 엔터를 누르기 전 고민이 가장 많아집니다. 그것이 질문이건, 다른 종류의 말이건 '괜찮을까?' 하는 생각에 망설이게 되죠. 그래서 나름대로 입력창에 들어간 말은 바로 보낸다는 원칙을 세운 것입니다. 그럼에도 메모장에 적기 전 상대방의 입장을 참작하는 경우가 아직도 많다는 생각이 듭니다.

팬데믹이 세상을 장악하면서 사람의 성향을 알아가는 것이 이렇게 어렵게 되었다는 점이 개인적으로 가장 아쉽습니다. 사무실이었다면 파티션 넘어 얼굴을 살짝 들이밀고 물어볼 질문들이 모두 어려워진 것이죠. 작은 질문 하나에도 고민하고 고심해야 할 판입니다.

자율적인 근무제와 재택근무를 극렬히 반대하는 것은 아닙니다. 물론 장점도 많습니다. 일단 수면 시간이 크게 늘었고, 품위 유지비용도 줄었고, 불편한 회식 자리도 사라졌습니다. 이것은 확실한 순기능입니다. 하지만 분명한 것은 이것이 절대 완전한 근무 방식은 아닐 수 있다는 사실입니다. 재택근무가 사람에 따라서는 디스트레스의 근원이 될 수도 있다는 것을 알려드리고 싶었습니다. 나의 힘으로 회사 전체의 근무 방식을 조정할 수는 없기에, 이런 상황에서도 나름의 방책을 고민해야 합니다. 이 또한 우리의 몫인 것이죠.

통제가 가지는 장단점과 자율성이 가지는 장단점을 면밀히 고려할 필요가 있다고 생각합니다. 돈처럼 확실한 보상이 아니기에, 어떤 회사의 '복리후생'에서 이러한 제도를 발견했다면, 한번쯤 나에게 어울리는 것일지 생각해 보신다면 좋을 듯 합니다.

몰아서 하거나
쪼개서 하거나

IT 업계에서는 '애자일Agile'이라는 말을 정말 자주 사용합니다. '애자일'은 할 일을 잘게 쪼개고 계속해서 개선해 나가는 방식입니다. 이는 개발 방법론 중 하나이고, 대세로 자리 잡은 개념이지요. 이 방식대로 매주 프로젝트 담당자들은 회의를 하고, 개선점을 잡고 빠르게 수정을 하거나 추가하여 빠르게 배포합니다. 스타트업은 일반적으로 이러한 방식을 취하는 곳이 많습니다.

애자일의 사전적 정의는 '민첩함, 기민함, 날렵함'인데요. 명칭에서 볼 수 있듯이 사용자의 요구에 빠르고 기민하게 대응하는 것입니다. 그리고 그 작업을 무한 반복합니다.

그에 비해 요즘은 다소 구시대적으로 평가되는 개발 방법론은 '워터폴Waterfall'입니다. 직역하면 '폭포수'죠. 개발 완료까지의 모습이 마치 폭포수가 떨어지는 모습과 비슷해 붙여진 이름입니다. 배포 일정과 해당 시점에 나갈 기능 리스트를 정하고, 기획과 디자인, 개발, QA가 완료될 마감 일정을 정합니다. 그리고 계획한 시점에 사용자에게 배포되는 것을 목표로 하는 '계획' 기반의 개발 방법론입니다. 애자일이 보통 1~4주 정도의 시간을 가지고 배포를 진행하는데 비해 워터폴은 짧게는 몇 달, 길게는 1년 등 장기 프로젝트를 진행합니다.

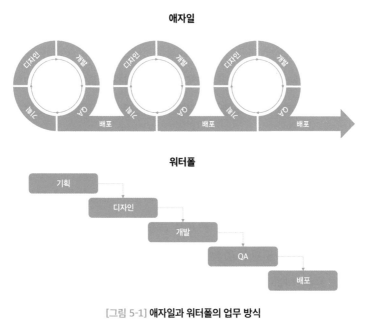

[그림 5-1] 애자일과 워터폴의 업무 방식

두 개의 방법론을 써서 동일한 제품을 출시한다고 했을 때, 그림과 같이 배포 횟수 자체에 많은 차이가 납니다. 워터폴 방법론을 따르면 제품에 들어갈 내용을 한 번에 리스트하고, 디자이너가 '탕' 하고 시작하면, 개발도 동시에 '탕' 하고 시작해서 계획에 맞춰 한 번에 마무리하죠.

반면, 애자일 방법론을 따른다면 수차례 보완하고 기능 단위로 배포하는 식으로 진행합니다. 사실 대부분의 사람들이 생각하는 IT 회사의 느낌은 애자일 방법론에 따라 일하는 회사일 것입니다. 권한을 받은 기획자, PM, PO 등이 소규모의 프로젝트팀을 주도하고, 빠르게 개발하고 배포한 다음 이 작업을 반복하는 것이죠. 많은 사람들이 전통적인 회사와 달라 보이는 이 느낌을 동경하는 것도 같습니다. 각 담당자들과 매일 미팅도 하고, 빠른 동의를 거쳐 제품을 내보내고 반응이 안 좋으면 또 빠르게 수정하는 모습이 전통적인 회사와 달라 보이기 때문이죠. 전통적인 회사는 상대적으로 조금 느리게 일하고 뭔가 정체되어 있다는 느낌입니다.

물론 회사마다 구성은 다르겠지만, 보통 애자일을 따르게 되면 프로젝트나 기능 단위로 점조직을 이뤄 하나의 팀에 개발자, 디자이너가 함께 있는 경우가 많습니다. 이에 비해 워터폴 방식을 따르게 되면 기획팀끼리 모이고, 디자이너끼리 모이고, 개발자들끼리 모입니다. 이런 차이도 애자일을 더 'IT스럽다'라고 생각하게 되는 이유가 아닐까 싶습니다. 서로 다른 일을 하는 사람들이 한 팀으로 모여 빠르게 서비스를 만들어내는 모습을 상상하게 되니까요.

언뜻 보면 방법론을 취사선택할 수 있는 것처럼 보이지만, 경우에 따라서는 워터폴 방식을 어쩔 수 없이 적용해야 하는 경우도 있습니다. 일반적으로 '앱 네이티브'로 개발된 서비스인 경우인데요. 배포를 할 때 앱 자체에서 코드를 자주 고쳐줘야 하는 서비스입니다. 가령 페이스북을 데스크톱 PC에서 들어가서 화면을 최대화하면 여러 정보가 분산된 채로 뜨게 됩니다. 그런데 그 창을 줄여서 스마트폰 화면과 비슷하게 만들면 정보가 스마트폰에 보이는 모습으로 바뀝니다. 스마트폰 앱에서는 이렇게 줄여진 화면을 불러오도록 구현합니다. 즉, 한 벌의 웹을 만들어 놓고 앱에서는 이 화면을 불러오는 역할만 하게 하는 것이죠. 이런 방식을 '웹앱', '웹뷰' 등으로 부릅니다.

반면, 앱 자체에서 한 번 더 구현하는 경우가 있습니다. 데스크톱에서 접속하면 전용 화면을 보여주고, 앱에서 접속하면 또 앱에서 전용 화면을 보여주는 것입니다. 이런 것이 네이티브입니다.

네이티브로 구현된 앱이라 앱 코드 수정을 해야만 업데이트를 할 수 있는 경우라면, 수정된 앱을 마켓에 올리고 심사를 받아야 합니다. 애플과 구글에서 변경된 앱이 적절한지 평가를 하는 것이죠. 심사가 통과되면 정식으로 출시를 할 수 있게 되고, 사용자들이 앱을 업데이트할 수 있게 합니다. 그런데, 이 심사 과정이 꽤 까다로운 경우가 많습니다. 예상치 못한 작동 오류, 혹은 마켓 정책에 맞지 않는다는 등의 이유로 반려될 수 있습니다. 그러면 여러 자료를 바탕으로 반려를 취하해달라는 서면 자료를 보내거나, 앱을 한 번 더 수정하거나 해야 합니다.

만약 통과가 되었다고 하더라도 출시 후 오류가 발견된다면, 수정을 하고 다시 마켓에 올리고 또 심사를 받아야 합니다. 복잡한 절차를 또 한번 거쳐야 하는 것이죠. 이러한 이유로 네이티브로 구현된 많은 앱이 워터폴 방식을 채택하는 경우가 많습니다. 한번 심사를 받을 때 확실하게 수정된 버전으로 받아서 이 절차를 최대한 겪지 않으려고 하는 것이죠.

그래서 애자일 방식으로 일하기 위해 아예 구현 방식을 바꾸는 경우도 있습니다. 최대한 앱을 수정해야 할 부분을 적게 만들고 웹을 그대로 보여주는 방식으로 바꾸는 것이죠. 이렇게 되면 시장에 나간 앱은 계속 똑같은 버전을 유지하지만, 불러오는 화면을 뒤에서 계속 개선하면서 대응할 수 있게 됩니다. 앱 자체의 코드로 대응하는 부분을 최소화하는 것입니다.

애자일 vs. 워터폴 어떤 방식이 일하기 좋을까요?

저는 기획 직무로 일하던 당시에는 워터폴 방식을 따르는 팀에서 일했습니다. 물론 짧은 시간이었지만 애자일 방식에 참여한 적도 있었습니다. 제가 지켜봐 온 결과, 그 어느 쪽도 확고하게 좋다고 말할 수는 없었습니다. 각 방식마다 장단점이 있기 때문입니다. 한번 살펴볼까요?

예측 가능한 워터폴 방식

가장 좋은 점은 일단 업무의 예측 가능성이 높다는 점입니다. 보통 몇 개월 단위로 계획을 세우고 언제까지는 기획 마무리, 언제까지는 디자인 마무리 등으로 일정을 짜게 되는데요. 명확한 마감 일정이 있기 때문에 언제 가장 리소스를 많이 투여하겠다는 예측이 됩니다. 저는 기획자이기 때문에 '기획 마무리 단계까지 달려야겠다'라는 예측을 하게 되죠. 물론 도중에 사고가 나거나 리소스 부족으로 계획이 변경되는 경우도 정말 많습니다만, 대부분의 요소들은 계획한 대로 흘러가기 때문에 크게 예측 범위를 벗어나지는 않습니다.

이러한 점 때문에 일정한 사이클로 힘든 시기도 예측해 볼 수 있습니다. 좀 더 풀어서 말하면 어떤 시기까지 바짝 업무에 몰입하면 이후에 휴가도 쓰고, 좀 편해지겠다는 것을 예상할 수 있죠. 직장인의 소소한 행복이 찾아오는 시기를 대강 알 수 있다는 것입니다.

또한, 초기 단계에 앞으로 들어갈 기능이 미리 확정되기 때문에 업무가 명확하게 떨어진다는 점도 편하기는 합니다. 내가 담당한 것이 이 기능이면 배포 주기 내에서는 그 기능만을 담당해서 끝까지 잡고 가면 되는 것이죠. 짧은 주기로 업무를 변경해 스트레스받을 일이 없습니다.

하지만, 단점은 역시 많이 느리다는 점입니다. 지난번 배포한 기능이 발표되고 나니 개선이 필요한 부분이 발견되었는데, 또다시 수정해서 내보내려면 몇 개월을 기다려야 합니다. 아무리 간단한 개선점이라도 시일은 걸립니다.

'느리다'는 단점은 의사결정에도 적용됩니다. 각 단계별로 움직이는 직군이 명확하고, 기간도 비교적 길다 보니 갑론을박을 할 경우 다소 많은 시간이 소요됩니다. 기획자끼리 한참 싸우고, 디자인 단계에서 디자이너랑 같이 한참 싸우고, 개발 단계에서 개발자까지 모여서 또 한참을 싸웁니다. 그러니 전체 과정을 다 마무리하면 녹초가 됩니다. 심지어는 그 긴 의사결정의 요소가 매우 소소한 것인 경우도 많습니다. 이번에 나가면 바꿀 때까지 한참이 걸리니까, 아주 작은 것이라도 정해진 시간 없이 끝장 토론을 이어나가는 겁니다. 이로 인해 간단한 프로젝트가 할당된 분들은 몇 개월간 무력감을 느끼는 분들도 많습니다. 수개월 동안 달려야 할 프로젝트가 초기에 결정되는데, 작은 범위의 개선이 할당되었다면 그곳에 쓰이는 리소스가 적어서 붕 뜨는 시간이 많아지는 것이죠. 다음 배포를 위한 준비를 할 수 있는 시간이기는 하지만, 이때 자책하는 분들이 많습니다. 몇 개월 동안 열심히 달릴 업무가 없어 뒤처지는 것 같은 기분이 드는 것이죠. 주변의 사람들이 대형 과제를 하는 모습을 보면 더 큰 슬픔을 느끼게 됩니다.

임기응변에 능한 애자일 방식

제가 지켜본 애자일의 장점은 실수나 실패에 대한 대응이 빠르다는 것입니다. 워터폴 방식에서는 에러가 나오면 예측된 일정에서 벗어난 것이기에 작은 일정을 다시 잡고 기획, 디자인, 개발 일정을 재정비해 배포하는 방식을 취합니다. 이러니 당연히 대응도 느립니다. 반면 애자일 방식은 해왔던 그대로 수정하고 배포합니다. 일정과 프로세스를 다시 설계할 필요 없이 업무에만 몰입하면 되죠. 또한 문서에 과도하게 시간을 쏟지 않습니다. 보통 워터폴 방식에서는 문서에 시간을 많이 쏟게 됩니다. 기획자가 설계 문서를 유려하게 작성해서 불특정 디자이너, 개발자 모두에게 프레젠테이션을 합니다. 단계를 넘어가는 것이 큰 기점이기에 해당 기한 내에 각 담당자는 최고의 결과물을 보여줘야 하죠. 보통은 담당자가 단계를 넘어가는 지점에 배정되고는 합니다. 하지만, 애자일 방식에서는 소규모 팀 단위로 정해진 담당자가 움직이기에, 문서로 완벽하게 미리 제품을 그려보기보다는 빠르게 제품을 만드는 데 주력합니다. 쓸데없이 문서에 시간을 쏟지 않고, 생각을 바탕으로 구현하는 것에 중점을 두는 것이죠. 구현하고 잘못되면 서둘러 수정합니다.

그러나 효율적일 것 같은 애자일 방식에도 단점은 있습니다. 제가 본 가장 큰 단점은 너무 작은 개선 위주로 바라본다는 것입니다. 서비스는 가끔 전체를 통으로 교체하는 큰 범위의 개선이 필요할 때가 있습니다. 디자인 가이드를 맞추거나, 비슷하지만 다르게 제공되고 있던 여러 기능들을 통합하는 등의 작업이지요. 하지만 애자일 조직은 짧은 주기를 바탕으로 무한 수정을 반복하기 때문에, 이렇게 긴 시각을 가지고 크게 바꿔야 하는 부분을 바라보지 못할 가능성이 높아집니다. 시각이 협소해져 내가 속한 팀의 입장에서만 작은 단위의 개선을 반복하는 것이죠.

두 번째 단점은 번아웃의 우려가 상대적으로 높다는 점입니다. 애자일에서 하나의 주기를 '스프린트Sprint'라고 표현하는데요. 이 말은 '전속력으로 전력 질주하듯 달린다'는 것입니다. 하나의 주기를 마치면 바로 다른 프로젝트를 구상하고 또 달립니다. 사용자의 개선 요청이나 아이디어가 없어도 일단 달린다는 것에 방점을 찍죠. 달리다 보면 도저히 더 해야 할 것이 무엇일지 떠오르지 않는 순간도 찾아옵니다. 이때도 무엇인가를 개선하기 위해 다시 달릴 준비를 해야 합니다. 마른 수건을 짜내듯 비틀어 짜내고 또 짜내야 하는 것입니다. 워터폴이 초기 단계에서 리소스를 배분하기에 하나의 주기에 명확한 업무가 하나씩은 다 있다는 점과는 대비되는 부분입니다.

워터폴도 애자일도 완전하지 않습니다.

주변에 동료들을 보면 회사의 프로젝트 방법론이 자신과 잘 안 맞는다고 하소연하는 분들이 많습니다. 그래서 다른 방법론을 채택한 환경을 찾아 이직을 하기도 하죠. 하지만 다른 방법론에서 또 일해보면 그대로 또 단점이 보이게 됩니다. IT 환경의 '애자일' 문화를 동경하다가 실제로 이러한 환경에 빠져보니 생각보다 큰 단점에 좌절하기도 합니다.

두 가지 방법론에 대해서 '옳다, 그르다'의 이분법적 사고로 접근하기보다는 각 프로젝트에 맞는 방법론이 잘 채택되고 있는가를 바탕으로 판단해야 한다고 생각합니다. 우리 서비스는 조금 느리더라도 거대한 변경을 통해서 다음 스텝을 준비해야 하는데 빠르게 움직이기만 하거나, 또는 빠르게 충족시켜줘야 하는 자잘

한 개선 사항이 많은데 느리게 움직이기만 한다면 그게 잘못된 것이죠.

그래서 회사를 선택하실 때, 단순히 회사가 채택한 방법론만 보지 않았으면 합니다. 중요한 것은 '해당 회사의 서비스가 그 방법론이 적합한가?'라는 생각으로 판단해야 합니다. 이유가 타당한 것이 중요합니다. 하나의 서비스라도 이러한 방법론을 복수로 채택해서 일하는 것이 오히려 맞다고 생각합니다. 서비스의 구성 요소별로 대응 시점은 다를 수 있기 때문입니다.

chapter

4

**재가 되면 불이
붙지 않습니다**

흔히 회사 업무에 지쳐 도저히 아무것도 할 수 없는 순간이 오면, '번아웃Burn-Out 증후군'이 왔다고 표현합니다. 저 역시 꽤나 많은 마음고생을 하며 회사를 다닌 것 같습니다. 돌이켜 보니 저는 어떤 상황이든 나 자신을 태울 때까지 모두 태워 격렬하게 끝을 내는 것 같습니다. 이성이 없어질 상태까지 가는 것 이죠. 그때 다시 재가 되어 사라졌던 나를 찾아갔던 과정을 이번 챕터에서 써 봤습니다.

일을 '못 한다'는 것의 즐거움

저는 쌓여가는 업무와 이슈에 대한 압박감으로 공황장애를 경험한 적이 있습니다. 힘든 상황에서도 '할 수 있어. 할 수 있어'라며 계속된 압박감으로 저를 다그치며 업무를 해왔는데, 어느 순간 컴퓨터 앞에 앉으니 심장이 심하게 두근거리고 숨을 쉴 수 없었습니다. 급하게 병원을 갔더니 '공황장애'라는 진단이 나오더군요. 병가를 쓰고 엄청난 고민을 했습니다. '그럼에도 일을 계속하는 것이 맞나? 내가 진짜 좋아서 일을 하고 있는 것일까?'라는 생각에 퇴사를 진지하게 고민했습니다.

병가가 끝나고 회사에 복귀하며 다짐했습니다. '퇴사해야 한다. 퇴사만이 답이다' 그런데 출근을 하니 도저히 이 말을 꺼낼 수가 없더군요. 몸이 그 지경으로 망가졌음에도 말입니다. 누군가

먼저 말을 걸어 주기만 기다렸는데, 마침 병가 소식을 알고 있던 팀장님이 먼저 손을 건네셨습니다.

"많이 힘들었구나, 일을 좀 줄여 줄게, 이렇게 힘든데 왜 참고만 있었던 거야."

온갖 걱정의 말들을 건네주셨습니다. 그리고 실제로 업무 조정이 있었고, 단 일주일 만에 증세가 많이 좋아지고 마음이 편해졌습니다.

그 순간 느낀 것이 있습니다. 지금까지 저는 힘든 상황을 해결하기 위해 팀과 대화를 나눠본 적이 없었습니다. 최대한 팀에 누가 되지 않게, 성과는 갉아먹지 않으면서 현상을 해결하려고 노력 중이었습니다. 아무리 힘들어도 '일을 못 한다는 것'을 견딜 수가 없었던 것 같습니다. 못 할 바에는 아예 다 관두겠다며, 퇴사로 결론을 지어버렸던 것이죠. '일을 못 한다'는 것은 아예 제 인생에서 고려해야 할 조건이 아니었습니다.

그런데 한번 업무 조정이 되고, 수월해지고 나니, 그간 우려했던 현실, 즉 '일을 좀 못 하는' 상황이 오니 크게 두렵지 않았습니다. 도움을 받기는 했지만, 막상 판이 깔리고 나니 못 하겠다는 말도 순순히 나오게 되었고요. 순간 허탈했습니다. 별것 아닌 이 한 번의 대화가 오기까지 왜 이렇게 나를 갉아먹어야 했던 것인지….

모든 사람이 회사라는 사회에 대하여 두려움을 가지고 있습니다. 회사에서 타인과 어느 정도의 벽을 쌓아야 하고, 그 벽을 마음대로 허물면 안 될 것 같은 기분을 느낍니다. 온전히 본인의 성취감 때문에 일을 잘하고 싶은 사람도 있겠지만, 많은 사람은 이 벽을 유지하기 위해 일을 한다고 생각합니다. 일종의 '눈치'인 것이죠. 너무 눈치를 보면 '일을 못 하는 것'이 두렵습니다. 팀원들 간의 관계가 나의 성과가 온전할 때만 유지된다고 생각하면 그 관계를 쉽사리 망가뜨리기 어렵습니다.

하지만, 못 해보니까 못 하는 것도 괜찮습니다.

일을 못 하면 잔소리를 엄청 들을 것 같았습니다. 상사나 동료들의 눈치를 보며 회사를 다니게 될 것이라고 생각했는데요. 실상은 그렇지 않았습니다. 오히려 업무를 못 하고 나니 팀원들과 더 편해지고 유대감은 강해졌습니다. 나의 치부까지 아는 사람들이라는 생각이 들더군요. 굳이 사람들과 관계가 아니고 제 가치관도 변하고 편해졌습니다.

이 사건이 있기 전까지 저는 '회사는 어차피 힘들어야 하는 곳', '재미는 회사가 아닌 다른 곳에서 찾아야 하는 것'으로 여겼습니다. 노동을 재미있게 하려는 의지가 없었습니다. '재미'는 언젠가 퇴사를 하고 실행할 여러 가지 활동들에서만 가능하다고 생각했습니다. 오늘 회사는 재미없어도 되지만, 내일의 내가 만족할 돈만 받으면 된다는 생각뿐이었죠. 월급을 열심히 모아서 은퇴하면 항상 행복할 것 같았습니다. 회사를 경쟁과 평가의 공간, 삭막한 전투의 세계 정도로 여기며 꾸역꾸역 다녔고, 내 자아를 실현할 곳으로 여기지 않았습니다.

그런데 업무를 한 번 튕기고 나니 '회사가 왜 재미있으면 안 되나'라는 생각이 번쩍 들더군요. 왜 신성한 나의 노동 시간이 그렇게 천한 대접을 받아야 하는지 억울한 생각도 들었습니다. 아마도 회사를 너무 사회적인 공간으로만 받아들여서인 것 같습니다. 회사에서 개인은 업무를 재미있어 할 수도 있고, 힘들어할 수도 있고, 못 할 수도 있습니다. 회사에 엄청난 기여를 하기 위해 일을 하는 것은 아닙니다.

흔히 인류학에서 한국을 '고맥락^{High-context}' 사회로 분류하고는 합니다.[*] 다른 사회에 비해 사회적 맥락을 중요시 여긴다는 것인데요. 예를 들어, 팀장님이 회의실에 들어와서 "오늘 왜 이렇게 덥지?" 했을 때 이 말은 창문을 여는 게 어떻겠냐는 생각입니다. 이때부터 부하직원들은 눈치를 봅니다. 다른 나라에서는 '그냥 그렇구나' 하고 이해하는데 말이죠. 이러한 사회에서 자라온 우리는 회사의 사회생활을 필연적인 것으로 여깁니다. 맥락을 우선적으

---

[*] Kim, Donghoon; Pan, Yigang; Park, Heung Soo (1998). "High-versus low-Context culture: A comparison of Chinese, Korean, and American cultures". 『Psychology & Marketing』(영어) 15 (6): 507521.

로 놓고 자신의 행동을 결정하려고 합니다. 그러다 보니 인정을 받기 위해 노력하고 자신을 압박하는 것이죠.

저는 이와 같은 맥락으로 인한 압박과 동기 부여는 최대한 제거해야 한다고 생각합니다. 다른 사람으로부터 인정을 받기 위해 일을 하시는 분들이 무척 많은데 이는 너무나 위험한, 언젠가 터질 수 있는 시한폭탄 같은 동기 부여라고 생각합니다. 물론 이런 경우 성과가 좋을 때는 실제로 기분이 좋습니다. 열심히 해서 인정을 받고 성취감을 느끼는 거죠. 그러나 이러한 동기 부여는 마무리만 너무 집착하게 합니다. 보통 타인으로부터의 인정은 내가 실제로 눈에 보이는 성과를 만들어낸 순간에만 발생합니다. 과정에서 머리를 싸매는 것은 그리 중요하게 여겨지지 않습니다. 아무리 힘들어도 당연해지는 것이죠. 어차피 나의 행복은 결과에만 있으니까요. 나에 대한 압박보다 사회의 인정이 더 중요한 것입니다.

우리는 과정에서도 행복할 권리가 있습니다. 오랜 시간을 지나고 보면 그것이 결과적으로 회사라는 사회에 좋은 영향을 끼칩니다. 마라톤을 단거리 경주처럼 하는 구성원은 결국 빠르게 포기할 수밖에 없습니다. 구간별 레코드는 계속 세계 기록을 경신했지만 완주는 못 하는 것이죠. 조금 더 느리고 편안하게 일하는 것이 장기적으로 더 좋은 결과물을 만들어냅니다.

그러니 못 해도 괜찮습니다. 회사의 맥락이 우리에게 너무 큰 영향력을 행사하게 해서는 안 됩니다. 그것이 건강마저 해친다면 더더욱 빠르게 끊어야 하죠. 노동이 힘들어야 한다고 누가 정해준 것도 아닙니다. 참는 것이 정도라고 법전에 쓰여 있지 않습니다. 속 시원하게 하고 싶은 말하고, 하기 싫으면 말하고, 최대한 재미있게 일해야 합니다. '에이스'가 목적이 되어 회사를 다니지 않았으면 좋겠습니다.

빠져들 수밖에 없는
배움 중독

기획이라는 일, 혹은 회사에서 문과인으로 일한다는 것은 어느 순간 꽤나 무력감을 주고는 합니다. 엔지니어와 상반되기 때문이죠. 전문적인 기술을 가지고 이를 장인 정신으로 갈고 닦아 나갈 수도 없고, 무언가를 배우려고 해도 명확하게 어떤 교육이 나의 미래를 담보할 수 있을지 알 수도 없습니다. 문과인들의 업무는 대체하기 쉽게 여겨지고, 누구나 할 수 있을 것만 같다는 두려움이 생기죠. 그래서 여러 외부 교육을 통해서 하나의 기술을 함양하는 것에 집중하는 분들이 많습니다.

최근에 가장 유행하는 것은 아무래도 '데이터' 같습니다. 어느 순간 '데이터 기반 기획/마케팅'이 업계에서 유행처럼 번지고 있는데요. 필요한 지표를 수집해서 이를 바탕으로 서비스의 기능을 개선하거나 마케팅 전략을 짜는 것이죠. 각종 언어를 활용해서 원하는 데이터를 직접 추출하고 싶어하는 분들도 많습니다. 이러한 요구를 아는 여러 교육 플랫폼에서는 각종 교육들을 쏟아내고 있습니다. 유명 회사에서 비슷한 일을 해 본 사람들이 A-Z까지 업무의 모든 것을 알려준다는 달콤한 말은 정말 쉽게 현혹될 것만 같습니다. 불확실한 미래에 확실한 밥벌이 수단 하나를 알려주는 듯하죠. 그 외에도 디자인 교육을 열심히 받으시는 분들도 많습니다. 여러 디자인 툴을 배우고 직접 화면을 그려 보는 것이죠.

저 또한 비슷했습니다. 한동안 데이터에 빠져 있었습니다. 교육 플랫폼의 인강을 결제해 아무리 힘들어도 하루에 정해 놓은 강의는 빠짐없이 들었습니다. 재미도 있었습니다. 코딩을 하는 순간에는 대단한 사람이 된 것 같은 느낌도 들었습니다. 나는 기획자인데 개발 언어도 어느 정도 이해하고, 필요할 때는 내가 데이터도 뽑을 수 있겠다는 자신감도 생겼습니다.

업무와 자기 계발이 선순환되는 이 아름다움은 시간이 마음대로 돌아갈 때는 좋았습니다. 예상 가능한 시간에 퇴근을 하고, 예상 가능한 양의 강의를 듣고 숙제를 하는 것이죠. 회사의 업무와 자기 계발이 적절히 균형을 이루던 시기입니다.

문제는 한쪽에서 이 균형을 깨려는 순간 나타납니다. 흔한 것은 아마 회사에서 이 균형을 깨려는 경우일 것입니다. 큰 프로젝트가 시작되어서 평소 대비 많은 리소스를 짧은 시간에 쏟아야만 하는 시기입니다. 퇴근 시간이 늦어지고 강의를 들을 수 있는 시간은 짧아집니다. 기존에 듣던 양만큼 강의를 듣지 못하고, 숙제도 밀리게 되죠. 반대의 경우도 주변에서 흔하게 발생합니다. 회사 외부의 경험이 너무나 강렬해서 회사의 업무를 잡아먹어 버리는 것입니다. 업무 시간에 디자인 툴을 테스트하거나, 코딩을 하면서 시간을 보내는 것이죠.

균형이 깨진 이 상태를 즐기면 너무나 좋겠지만, 이 시점이 오면 대부분 심리적 압박감을 느끼게 됩니다. 어떤 것에 더 집중을 해야 할지 고민하고, 자신의 게으름을 자책하고는 합니다. 조금만 덜 자면, 조금만 덜 누워있으면, 친구와의 약속을 잡지 않았으면 마무리할 수 있는 모든 것을 내가 부족해서 하지 못했다고 생각합니다. 이는 남의 이야기가 아닙니다. 실제 제가 그랬습니다. 퇴근 시간이 늦어지면 조급함을 느꼈습니다. '아직 할 일이 남아 있는데…', '퇴근하고 강의를 들어야 하는데…' 하며 누가 시킨 것도 아닌데 압박감을 느꼈죠. 나름의 성장을 위해서 시작한 것이었지만, 성장이 강박이 되고 번아웃을 이끄는 것입니다. 이런 일은 유난히 주니어 기획자에게 자주 일어나는 듯합니다. 가시적인 나만의 성과에 집착하기 때문이죠.

도저히 물리적으로 시간이 부족해져 스트레스가 극에 달했을 때, 미래 재무 계획을 위해 읽었던 투자 서적에서 큰 깨달음을 얻었던 적이 있습니다. 벤자민 그래이엄의 『현명한 투자자』라는 책이었는데요. 책에 이런 말이 나옵니다.

"투자자는 자신이 공격투자자인지 방어투자자인지를 분명히 선택해야 한다. 절충형은 없다"

말 그대로 본인의 캐릭터를 분명히 해야 한다는 것입니다. 리스크를 더 많이 취하고 높은 수익률을 기대하든지, 리스크를 낮춰서 낮은 수익률을 기대하던지 명확히 선택하라는 것이죠.

제 경우를 돌이켜 보니. 캐릭터를 명확히 정하지 못하고 업무와 교육 사이에서 계속 절충형을 찾고 싶어하는 듯 보였습니다. 업무를 열심히 하면서 외부 교육으로 능력도 배양하는 기획자, 언젠가 사용될 기술을 계속해서 함양하는 기획자. '좋은 기획자'에 대한 정의 없이 그저 좋다는 것들만 골라서 절충하고 싶어했습니다. 그래서 내가 바라는 기획자로서의 미래 기대상을 그려보자고 생각했습니다. 나름의 업무 철학을 정해 보는 것이었죠.

첫 번째로 했던 질문은 '정말 회사의 업무만으로 미래가 불안한가?'라는 것이었습니다. 아무리 생각해도 불안한 마음이 있었습니다. 불확실한 배움을 계속해서 하고 있고, 여러 가지 프로젝트

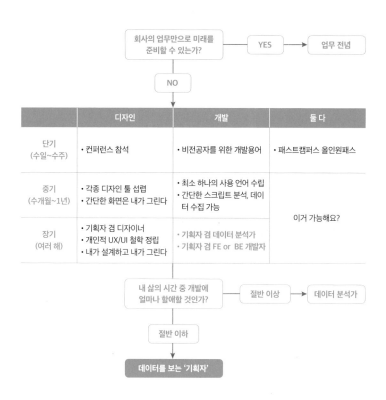

	디자인	개발	둘 다
단기 (수일~수주)	• 컨퍼런스 참석	• 비전공자를 위한 개발용어	• 패스트캠퍼스 올인원패스
중기 (수개월~1년)	• 각종 디자인 툴 섭렵 • 간단한 화면은 내가 그린다	• 최소 하나의 사용 언어 수립 • 간단한 스크립트 분석, 데이터 수집 가능	이거 가능해요?
장기 (여러 해)	• 기획자 겸 디자이너 • 개인적 UX/UI 철학 정립 • 내가 설계하고 내가 그린다	• 기획자 겸 데이터 분석가 • 기획자 겸 FE or BE 개발자	

를 진행하고는 있는데, 이것이 정말 나의 커리어에 전문성을 더해가고 있는 것인지 불명확했습니다. 새롭게 이 시장에 진출할 여러 기획자들, 다른 기술을 가지고 있으나 기획자로 전향한 분들에 비해 내세울 만한 배경이 없다는 것이 두려웠던 것 같습니다. 단순히 업무를 전념하는 것으로는 해결되지 않는다고 생각했고, 하나의 기술을 배우는 것이 좋겠다는 생각은 사라지지 않았죠.

그리고 단기, 중기, 장기로 배울 수 있는 기술을 한번 적어 내려

갔습니다. 단기로 함양해서 습득할 수 있는 수준이 있고, 장기로 학습해서 배울 수 있는 수준이 있었습니다. 그중에서도 여전히 데이터에 대해서 관심이 많았습니다. 여건이 된다면 화면 구현이나 서버 개발에 대해서도 준전문가 정도의 지식을 습득하고 싶었습니다. 장기적으로는 기획자이면서 개발자적 역량도 갖춘 모습을 상상하게 되었죠.

마지막으로 했던 질문은 '그 기술에 나의 삶을 얼마나 할애할 것인가?'였습니다. 다행히도 그 마지막 순간이 오자 선뜻 '업무보다 많이'라는 말은 쉽게 나오지 않았습니다. 삶의 절반 이상을 할애하고 싶지는 않았던 겁니다. 만약 그곳에 더 많이 할애하고 싶은 진심이 있다면, 저는 아마 데이터 분석가나 진짜 개발자가 되고 싶었던 것일 수 있습니다. 하지만, 앞서 개발자에 준하는 실력을 쌓고 싶다고 했음에도, 내 삶의 큰 비중을 두기는 아쉬웠던 것이죠.

결국 저에게는 다른 기술을 쌓는 시간보다 업무의 시간이 더 중요했습니다. 본질은 내가 회사에서 하고 싶은 업무를 두되, 부차적으로 데이터를 분석하는 기술을 함양하고 싶었던 겁니다. 커리어 변경이 목표가 아니었으니 그저 조금의 도움을 얻어보자는 마음에서 출발했던 것 같습니다.

저처럼 배움에 대한 갈망이 나의 몸과 마음을 압박하는 순간이 오면, 멈춰서 내가 진짜 원하는 본질을 생각해 보는 것도 좋습니다. 이성적으로 내가 회사의 업무를 다 제쳐 두고 기술을 배우고 싶은 것인지, 아니면 조금의 고급스러운 취미가 필요한 것은 아닌지 살펴보는 것입니다.

지금 내가 하는 업무의 본질 자체가 너무 마음에 안 들어서, 전직을 위한 준비를 하는 것이 목적이라면 그 배움으로 스트레스를 겪어도 무조건 버텨야 할지 모릅니다. 이때는 오히려 회사의 업무를 정말 밥벌이 수준으로 생각하며, 조금은 박한 평가를 받더라도 감수해야 합니다.

중요한 것은 '나의 본질이라고 생각하는 일을 확고하게 정하는 것'입니다. 회사에서 내가 하고 있는 업무이든, 추가적으로 배우고 있는 교육이든 둘 중에 하나에 비중을 실어야만 한다는 사실을 인정하는 것이죠. 두 가지 전부 완벽하게 해낼 수 있는 분도 당연히 있겠지만, 그 기간이 오래될수록 건강한 삶에서는 멀어질 수밖에 없습니다. 한쪽에서 쓰는 시간만큼을 똑같이 다른 쪽에 할애하기 위해서는 둘 중에 아무것에도 속하지 않는 시간에서 그 부분을 떼어 와야 하니까요. 그게 바로 나의 가장 기본적이지만 가장 소중한 일상, '먹고 자고 배설하는(정신적이든 육체적이든) 시간'일 겁니다.

어느 쪽을 선택한다고 한들 그 선택에는 다른 쪽에서 채워지지 않는 부분이 있습니다. 기획자를 계속한다고 하면, 아무래도 디자인 툴을 다루거나 개발 코드를 보는 등의 기술은 부족합니다. 반면에, 개발 능력이나 디자인 능력을 자신의 업으로 다루게 되면 상대적으로 소프트 스킬과 관련된 부분은 부족해질 수밖에 없습니다. 혹은 사업적 시야를 갖추는 부분도 그렇죠. 각 직종에서는 전부 부족한 부분으로 여기는 것이 있습니다.

나의 업무를 하면서 부족한 모든 것까지 껴안고 일을 하겠다는 것은 욕심입니다. 여타 다른 중독처럼 무서운 '배움 중독'이 될 수 있는 것입니다. 한쪽을 분명히 선택하고, 다른 한쪽은 과감히 가벼운 취미의 입장처럼 대할 수 있어야 합니다. 우리는 철인이 아닙니다. 하나만 집중하기도 어려운 사회에서 사는, 지극히 평범한 회사원입니다.

성장을 향한
건강한 끝맺음

요즘 사회는 '대(大)퇴사의 시대'로 표현되고는 합니다. 사유는 여러 가지로 설명되는 것 같은데요, 별 이유 없이 마치 MZ 세대들의 특징인 것처럼 표현되기도 합니다. 오랜 기간 경기 둔화를 눈앞에서 체감해 '평생직장'이라는 개념을 거부한 세대라는 것이죠.

사실 과거에 비해 퇴사를 다소 가볍게 생각하는 경향이 있는 건 맞습니다. 하지만 그 결정이 절대 쉬운 것은 아닙니다. 내가 속한 사회의 끝맺음을 생각할 때면 여러 가지 리스크를 상상하게 됩니다. 새로운 직업, 새로운 관계에 대한 두려움, 월급의 단절 등모든 것이 두려움으로 다가옵니다. 끝을 내고 싶다는 생각은 쉽게 일어날지 모르지만 실행에 옮기는 것은 그 어느 것에 견주어도 어려운 일이 맞습니다.

저 역시도 그랬습니다. 사실 퇴사를 한 것은 아니었습니다. 직무를 바꾸며 팀을 옮기는 결정을 했죠. 책을 처음 쓰기 시작한 시점에는 보통의 서비스 기획자로 일하고 있었습니다. 지금은 같은 회사에서 브랜딩 업무를 하고 있습니다. 일을 많이 하는 것보다 일을 바꾸는 것이 얼마나 더 어려운 것인지 경험했습니다. 맞는 선택인지 몇 번을 되뇌어야 했죠.

어떤 일을 할 때 끝을 내고 싶다는 결정은 크게 두 가지 감정에서 비롯되는 것 같습니다. '두려움'과 '욕심'입니다. 지금의 회사, 업무, 사람이 너무나도 두려워서 끝을 내고 싶을 수 있고, 더 큰 성취를 향한 욕심과 욕망으로 끝을 내고 싶기도 하죠. 사실 더 큰 성취를 향해서 나아가야 한다면 그 마무리는 정말 '건강한 끝맺음'입니다. 도피가 아니기 때문이죠. 이런 결정은 건강한 상태에서 내렸을 확률이 높습니다. 이성적으로 이루고 싶은 무언가를 파악하고, 그것을 더 좋게 성취할 수 있는 환경으로 나아가고자 하는 것이죠.

예를 들면 지금 회사에서 만족할 수 있는 사이즈의 프로젝트 기회가 없어서, 업무 영역이 너무 협소하게 한정되어 있어서 등, 성장을 저해하는 요소가 있고, 더 큰 성장을 뒷받침해줄 수 있는 환경을 찾으려는 욕심이면 권장합니다. 저는 결국 어떤 결정이든 그것이 바라보는 목표는 개인의 성장과 욕심이어야 좋은 결과로 이어질 수 있다고 생각합니다. 하지만 그 외의 감정에서 비롯되었다면 다시 불만족으로 회귀할 가능성이 높습니다. '두려움'이 발단이 된 경우입니다. 이와 관련해서 제가 가장 좋아하는 모델이 있는데요. 바로 '학습지대 모델'The Learning Zone Model'입니다.*

이 이론은 사람의 심리 상태가 세 가지 다른 지대zone에 놓일 수 있다는 것입니다.

1. 안전지대Comfort Zone: 스트레스도 없고 불안하지도 않은 환경입니다. 매일 작성하는 보고서와 같이 일상이 된 일을 하는 상태입니다. 편안하게 마무리할 수 있고 결과도 쉽게 예상이 되죠.
2. 학습지대The Learning Zone: 새로운 기술과 능력이 요구되는 환경입니다. 약간의 압박감을 느낄 수 있습니다. 하지만 학습을 통해서 능력을 키우

---

* Alasdair White PhD, 〈From Comfort Zone to Performance Management〉

면 성장을 하고 해결할 수 있게 됩니다.

3. **공황지대**^{Panic Zone}: 감당할 수 없는 무리한 능력이 요구되는 환경입니다. 해낼 수 없다는 생각이 들기 때문에 스트레스 수준이 높은 상태입니다. 성장 의욕도 사라진 상태가 됩니다.

성장을 하기 위해서는 학습지대 수준의 스트레스를 유지해야 합니다. 너무 편안해서 할 수 있는 일만 쉽게 하면 성장을 할 수 없습니다. 반대로 너무 힘들어서 도저히 할 수 없는 일들만 쌓여 있는 환경에 있어도 성장을 하지 못하고 좌절할 뿐입니다. 안전지대에서는 학습지대를 향해서 가야 성장을 할 수 있고, 공황지대에서도 적정한 수준의 스트레스가 있는 학습지대로 가야 하는 것이죠.

앞서 '성장에 대한 욕심은 좋은 끝의 동기'라고 생각한 지점이 바로 이것입니다. 본인의 안정적인 학습지대가 현재의 일터에서 충족되지 않는다고 느낀 것이죠. 이것이 가장 이상적인 형태의 이동이라고 생각합니다. 현재 상태를 어느새 안전지대라고 여기게 되어 새로운 학습지대를 찾아 나아가고 싶은 동기인 것입니다.

하지만, 만약 '두려움'과 고통으로 인해 끝을 결정하고 이동을 고려하고 있다면, 이때는 결정을 미뤄야 합니다. 그 이유는 이 상태에서는 더 이상 성장하지 않는 안전지대를 꿈꾸기 때문입니다. 앞서 과도한 업무량으로 공황장애를 겪었다고 말씀드렸는데요.

이 시기에 반복적으로 생각했던 것은 그저 퇴사였습니다. 공황 상태로 이끈 환경 요소들을 빨리 제거하고 싶을 뿐이었죠. 이성적으로 '이렇게 했을 때 장기적 이득을 얻을 수 있겠다'는 생각보다 빠르게 퇴사하고 다른 환경으로 가고 싶다는 생각만 있었습니다. 다른 곳에는 이토록 과도한 업무가 없을 것이라는 허망한 기대가 있었던 것이죠. 비록 바로 퇴사로 이어지지는 않았지만, 만약 그 시기 퇴사를 했더라면 더 힘들었을 것 같다는 생각이 줄곧 들고는 합니다.

새로운 환경은 또 다른 학습지대 혹은 공황지대가 됩니다.

새로운 회사 혹은 창업 등 새롭게 업무 환경을 만들면 모든 것을 다시 배워야 합니다. 사람들과 관계도 다시 정립해야 하고, 업무를 새로 배우는 것은 당연한 일입니다. 이 또한 개인에게 엄청난 스트레스가 됩니다. 그리고 공황지대에서 다시 새롭게 무언가를 배워야 하는 환경이 생기면, 열의보다는 좌절이 먼저 떠오를 가능성이 높습니다. 공황지대를 피해 새로운 공황지대를 찾는 격이죠.

만약 공황지대를 겪고 있다면 퇴사를 통한 '끝'을 생각하기보다는, 차라리 똑같은 환경에서 업무를 못 하는 게 낫다고 생각합니다. 원래 회사에서 비교적 편하게 업무를 했던 상황을 생각하고, 그 과정으로 돌아가는 노력을 해 보는 것이죠. 선배에게 부탁해 막막한 현 상태의 업무를 정리할 수도 있고, 그것이 어렵다면 업무를 완수하지 못하는 것도 방법일 수 있습니다. 목표는 빠르게 안전지대로 돌아가는 것입니다. 그 후에 다시 끝을 고민해 보아야 합니다.

제가 공황장애에 빠졌던 당시 상담을 받았을 때 선배님의 답변도 이와 같았습니다. 퇴사보다 차라리 긴 휴가를 가보라고 말씀하셨죠. 새롭게 펼쳐질 환경이 저의 심리 상태에서는 또 다른 공황이 될 것이라 우려하셨던 것입니다. 그렇게 휴가를 갔다 와서 팀장님과 대화를 하고 업무를 조정하며 다시 안전지대로 돌아올 수 있었습니다. 통제 가능한 업무를 할 수 있는 상태로 돌아올 수 있었던 것이죠.

다시 안전지대에 돌아와서 몇 개월 업무를 하고 나니, 이성적으로 부서 이동을 고려할 수 있었습니다. 학습지대로 다시금 나아가고 싶었고, 그러한 업무를 찾기 위해 이동을 했습니다.

'공황지대에 있다면 내부에서 안전지대로 돌아올 것을 다시 시도해 보고, 퇴사는 안전지대에서 생각하자.'

이제는 머릿속에 깊이 자리 잡은 하나의 원칙이 되었습니다.

물론, 내부에서 공황지대를 안전지대로 돌릴 방법이 도저히 없다면 끝을 맺어야 한다고 봅니다. 어느 누구도 현 상황을 해결해 줄 의지가 없고, 못 하는 나에게 계속해서 처리하지 못 할 일들이 몰려오는 것이죠. 이런 환경이라면 다른 새로운 환경의 학습이 오히려 안전지대가 될 수도 있습니다.

일이나 성장보다 중요한 것은 결국 '나'입니다. 여지가 보이지 않는 곳에서 환경을 바꾸려는 노력으로 더 상처받기보다, 조금이라도 여력이 있을 때 나의 의지로 끊을 수 있어야 합니다.

'내 것'을 위한
유쾌한 스트레스

앞서 말한 '안전지대'에 있는 많은 분들이 이런 의문을 가질 수
도 있습니다.

"왜 성장지대로 가야 하죠? 안전지대에 계속 있으면 되는 것 아
닌가요?"

개인의 의지는 이럴 수 있겠지만, 아쉽게도 이러한 생각은 현
실이 될 수 없습니다. 성장 자체가 생존이기 때문입니다.

사회는 계속해서 성장을 도모하게 됩니다. 하루가 다르게 새로
운 기술이 나오고, 경쟁자가 생겨 나의 밥그릇을 위협하죠. 모두
가 평등하게 "지금까지 내가 차지한 것은 내가 계속 차지할 테니
까, 너는 너의 영역만 잘 지켜." 하면 좋겠지만, 어느 곳에서나 발
전된 모습으로 나타난 다른 이들이 서로의 영역을 뺏기 위해 각

축을 벌입니다. 그 과정에서 노동의 표준도 변화하게 됩니다. 내가 이전까지 했던 노동의 방식과 기술이 어느새 뒤처진 것으로 되고, 새로운 스펙이 나타나며 나를 대체하기 위해 위협적으로 다가오죠.

엄밀히 말하면 안전지대에 계속해서 머무르는 것이 미래에는 공황지대가 될 수도 있습니다. 나를 대체할 수 있는 사람이 많아지면서 위협받는 것입니다. 수많은 직업이 사라지고, 새로운 직업이 나타나는 것처럼 말이죠. 아무리 싫어도 우리는 사회가 발전하는 속도만큼은 성장해야 자리를 지킬 수 있습니다. 사업을 해도 이런 상황은 똑같습니다. 기존과 똑같은 방식의 유지는 결국 누구나 할 수 있게 됩니다. 안전지대를 보존하기 위한 노력은 아이러니하게도 학습지대로의 진출인 것입니다.

어찌 됐든 죽어도 안전지대에서 벗어나기 싫다면 우선적으로 해야 할 것은 '학습하고 싶은 무언가를 찾는 일'입니다. 어차피 적절한 스트레스를 꼭 겪어야 하는 것이 운명이라면, 내가 하고 싶은 것으로 겪는 게 낫다는 것이죠. 그렇지 않으면 이는 공황이 될 확률이 높고, 포기할 가능성이 높습니다.

앞서 학습지대는 '통제 가능한 스트레스가 있는' 환경이라고 말씀드렸는데요. 이 말에서 중요한 것은 '스트레스가 있다'는 것입니다. 언급했듯이 이 스트레스는 내가 관리를 할 수 있을 정도의 스트레스여야 합니다. 이 정도의 스트레스는 능력의 향상을 유도합니다. 그러니 스트레스를 겪을 운명을 회피하겠다는 이상은 버리고, 스트레스를 겪음에도 성장해야 하는 이유를 먼저 찾아야 합니다.

보통 그 이유는 본인이 좋아하는 것에서 시작합니다. 저의 경우는 군대에서 동료들의 머리를 이발해주는 것을 즐겼던 것, 엑셀에서 데이터를 만지는 것, 투자할 기업을 찾아보는 것 등 여러 가지 좋아하는 것들을 생각해 보게 되더군요. 하지만, 여러 가지를 적어 놓고 이들 중에 어떤 것을 선택해야 할지 마땅히 감이 오지 않았습니다. 다 적정한 수준으로 좋아할 뿐이었고, 이것이 내 스트레스를 정당화해줄 명확한 이유라는 생각이 들지는 않았습니다.

스트레스를 받음에도 내가 학습하고 싶은 이유, 내가 좋아하는 수많은 것 중에 스트레스를 감안해서라도 배우고 싶은 것의 판단 조건은 '내 것'이라는 소유권의 유무였습니다. 하지만 좋아하는 수많은 것들 중 정작 '내 것'이라는 소유권이 드는 것은 없었습니다. 정말 소중히 여기며 발전시키고 싶은 생각이 없었던 것이죠. 그저 모든 것이 잠깐의 흥미로 바라보는 것이었습니다.

이러한 소유권은 실제로 행동에 옮기기 전까지는 쉽게 생기지 않습니다. 제가 이발해주는 것을 좋아한다고 해도, 바버 숍을 차려서 손님들을 직접 받기까지의 발전 의지는 없었습니다. 이발

봉사만 하며 단순 도움의 손길로만 이발을 대했다면 성장의 의지가 생기지 않을 것입니다. 나름의 리스크가 생겨야만 꼭 지켜야 한다는 감정이 생기는 것이죠.

그러니 좋아하는 수많은 것들 중 제일 좋아하는 것 한 가지를 찾아 '내 것'이라는 감정을 만들어야 합니다. 그리고 적어도 한 번의 스트레스를 겪어야 합니다. 안전지대에서만 겪어본 좋아하는 것은 단순 취미이기 때문입니다. 최소 한 번의 스트레스를 겪으며 학습을 했음에도 통제 가능하며, 그것을 지키고 싶은 감정이 드는 것이 바로 '진심으로 학습하고 싶은 것'입니다.

어찌 보면 이는 다소 가학적인 운명 같습니다. 필연적으로 힘들 것이니, 버틸 수 있는 것을 찾아 고통을 받아야 할 운명인 것이죠. 만약 이런 스트레스마저도 너무 싫어서 그저 세상의 발전을 전부 뒤로 한 채, 얼굴에 강한 철판을 깔고 적당히 편하게 살겠다는 생각을 가져도 이것은 오래 가지 않습니다. 일단 발전하는 동료들의 따가운 눈총도 있을 것이고, 쳇바퀴처럼 반복되는 일상이 스트레스가 없는 삶이라고 생각하지는 않으니까요.

그래서 저는 '내 것'을 찾아 스트레스를 이겨내기 위한 여정을 하고 있습니다. 이것이 바로 서비스의 기능을 기획하다가 브랜딩이라는 새로운 일을 찾아온 이유입니다. 몇 번의 공황 상태에서 안전지대로 돌아왔음에도 다시 성장을 하겠다는 동기를 찾아내지 못했습니다. 그렇다고 계속해서 안전지대에만 있고 싶지도 않았습니다. 이겨낼 힘듦을 찾아낼 동기가 필요했습니다. 이렇게 글을 쓰는 것처럼 어떠한 메시지와 철학을 전달하는 것을 가장 좋아한다고 생각했고, 내 것으로 만들기 위해 시작했습니다.

물론 일을 하다가 나중에 다시 공황지대에 가게 되었을 때, 그 시점에도 이러한 의지를 갖고 있을지는 모르겠습니다. 지금은 그래도 통제 가능한 수준의 스트레스를 겪고 있지만, 점점 일이 커지다 보면 못 견딜 수준이 올 수도 있겠죠. 그때도 다시 안전지대로 돌아와 생각을 해 볼 것 같습니다. 다시 한번 성장을 하고 싶을지 말이죠. 그 답에 따라 같은 곳에서 또 한 번의 스트레스를 향해 나아가든, 또 다른 곳에서 스트레스를 향해 나아가든 무엇이든 결정할 것 같습니다.

돌아가더라도 틀린 것은 없다고 생각합니다. 계속 가겠다는 의지가 생기게 되고, 고통을 겪을 수 있다는 힘이 생긴다면 삶의 재미도 느낄 것 같습니다. 중요한 것은 내가 이렇게 힘들게 살아가고 있다는 모습일 것입니다.

내 것을 지키고 발전시키기 위해서 노력할 수 있는 하루가 있다는 것이 좋습니다. 미려하고 완벽한 청사진을 그리는 것보다 다소 힘든 일이 있는 하루를 보내는 것이 아름다운 것 같습니다.

작은 위대함

주니어들은 대개 정기적으로 처리할 업무를 받거나, 작은 프로젝트를 시작하는 것으로 조직의 일원이 됩니다. 정말 뛰어나고 엄청난 천재가 아니라면 처음부터 거대한 프로젝트를 이끄는 경험을 하기는 어렵습니다. 작은 것을 하나씩 처리하다 보면 자연스럽게 능력이 입증되고, 큰일도 맡게 되는 것이죠.

한 계단 한 계단 차근차근 성공을 향해 가는 멋진 이야기는 사실 그 주인공에게는 그리 멋지지 않습니다. 그 기간이 얼마나 갈지도 모르고, 주목을 받지 않음에도 수도 없이 많은 사소한 일을 처리해야 하죠. 그렇게 긴 시간을 보내고 나면 비로소 톱니바퀴와 같은 기계의 작은 부품으로 여겨집니다. 그제야 주목받는 주연을 위해 멋진 무대를 만드는 스태프 같은 느낌이 드는 것이죠.

근무 중 면담을 하면 늘 똑같은 이야기를 듣습니다. '언젠가는 기회가 올 것이다.', '모두가 이러한 과정을 겪고서 시니어가 되었다.', '좋은 기본기를 갖추어야만 나중에 큰일도 할 수 있다.', '감당 가능한 일의 범위를 조금씩 늘려나가야 한다.' 이 말들은 듣기에는 좋지만 막상 공감하려면 결코 희망적이지 않은 이야기만 반복해서 듣는 것 같아 지겹습니다.

그런데 사실 이런 생각 자체가 조금은 당돌합니다. 저 역시도 이 과정에서 조금 당돌했던 것 같습니다. 입사 후 몇 개월 지나지 않아 첫 프로젝트를 받았는데 겨우 간단한 문구 교체 과제였습니다. 당연히 별것 아닌 것이라 여겼습니다. 저희는 과제를 진행할 때면 팀 내에서 간단하게 진행상황에 대해서 리뷰를 하는 시간을 가졌는데요. 이때 회의를 앞두고 팀장님께 이런 말을 했던 적이 있습니다. 지금 생각하면 아찔한 질문입니다.

"제 과제는 조금 작은 과제인데요, 이것도 리뷰를 해야 할까요?" 팀장님은 당연히 해야 한다고 말씀하셨고, 제 질문이 마음에 걸리셨던 모양입니다. 이후에 잠시 이야기 좀 하자고 하셨습니다.

그때 들었던 말이 아직도 기억에 많이 남습니다. '작은 일을 소중하게 대해야 한다'는 말씀이셨죠. 그리고 덧붙여 팀장님은 제 질문에 조금 당황했다는 말씀을 하셨습니다. 이 일이 얼마나 중요한지 생각해 보았는지도 반문하셨습니다. 내가 상대해야 하는 개발자나 디자이너가 아무리 작은 업무를 할지 몰라도 누군가에게는 이 개선이 꼭 필요해서 요청한 것이었다는 것이었죠. 얼마나 화려한지, 소소한지를 따지기 전에 그 기능이 누군가에게 필요하다면 그 업무에는 경중이 없다는 말씀이었습니다.

나의 노동력이 누군가의 필요해 의해 적절하게 사용이 되었다면, 그 일이 작다고 표현할 수 있겠냐는 생각이 들었습니다. 겉으로 화려하게 드러나지 않을지 몰라도 적어도 이 기능을 원했던 누군가에게는 필요한 일이었던 것이죠. 우리가 사용자의 입장이 되면, 사실 거대한 업데이트가 우리에게 크게 와 닿는 경험은 많지 않습니다. 오히려 정말 사소한, 나만 알고 있을 법한 작은 개선이 나에게 더 크게 와 닿게 되죠. 이런 부분까지 배려해주고 있다는 감정 때문입니다.

내부적으로는 프로젝트에 참여하는 인원이 많고 적음에 따라, 그리고 개발을 해야 하는 범위의 크기에 따라 프로젝트의 경중을 나눌 수는 있습니다. 하지만, 모든 개선의 요충지였던 사용자의 입장에서는 우리 내부 사정을 알 수가 없습니다. 그저 내가 필요로 했던 지점이 해결이 되었는지가 중요한 것이죠. 내가 하는 작은 일이 이러한 큰 필요성을 해결해주는 일일 수 있는 것입니다.

더불어 내가 표현한 작은 일이 사실 엄청나게 큰일의 작은 부분일 수도 있습니다. 보통의 업무는 큰 범위의 목표에 도달하기 위해 잘게 쪼개진 업무로 할당이 됩니다. 반대로 잘게 쪼개진 업무의 목표도 큰 범위의 목표에 일치된다는 것이죠. 작은 일에서 진짜 의미를 찾다가 몰두하다 보면 큰 일이 되는 경험을 하게 됩니다.

한 번은 이런 일이 있었습니다. 최초에는 서비스 일부 영역의 문구 수정이었습니다. 그런데 문구를 수정하려고 보니, 비슷한 문구가 쓰이는 숨겨진 곳들이 여러 개 발견되었습니다. 팀에서 관리하지 않는 부분까지 동일한 유형의 문구가 쓰이고 있더군요. 양해를 구하고 이에 대한 수정을 하겠다고 해당 팀에 말씀드렸습니다. 그렇게 진행을 하려다 보니, 문구 변경을 위해서는 앱을 두 개로 분리할 정도로 큰일이 필요하다고 하더군요. 알고 보니 사용자별로 다르게 보여야 하는 영역이었고, 사용자의 정보를 토대로 문구를 구분해서 보여줄 구조가 짜여 있지 않아 그 구조부터 만들어야 한다는 것이었습니다. 그렇게 그 과제는 문구 변경에서 시스템 구조 변경 과제로 커져 나갔습니다. 여러 변경 요소들이 생기게 되었고, 하나하나 체크하며 개선을 해야 했죠. 저도 모르는 사이에 그저 단순한 의지로 마무리하려던 일이 큰일이 된 것입니다.

일을 아래서부터 쪼개어 크게 만드는 경험은, 나중에 큰일을 다시 아래로 작게 쪼개는 능력으로 발현됩니다. '작은 단위의 업무로는 이런 것이 있을 것이다'라는 이전의 경험을 바탕으로 업무파악을 할 수 있게 되는 것이죠.

따라서 처음부터 일의 무게감을 결정하기보다 진행하면서 키우는 경험도 매우 중요한 것 같습니다. 코드의 세계는 생각보다 넓어서 우리가 한정짓는 것은 어렵습니다.

아무리 작은 일일지라도 마무리의 뿌듯함은 똑같습니다.

일이라는 것이 우리에게 행복을 주는 순간은 결국 마무리의 순간인 듯합니다. 전투적으로 업무가 진행될 때는 행복감을 느끼기 어렵습니다. 배포라는 순간을 위해서 그저 달려간 것뿐이죠. 사이즈가 큰 프로젝트라면 더 쉽지 않습니다. 의사 결정도 많고, 개발도 오래 걸리고, 논쟁도 많아집니다. 마무리라는 지점은 똑같은 시점에 있는데 열면 과정은 수없이 길어지는 것입니다.

저는 그래서 개인적으로 큰일을 하나 하는 것보다, 작은 일을 여러 개 하는 것을 좋아합니다. 마무리가 주는 행복감이 좋아서 그렇습니다. 큰일을 하나 마무리한다는 것이 작은 일의 마무리보다 두 배만큼, 세 배만큼 행복감을 주지는 않더군요. 동료들 역시도 제가 큰일을 하지 않았다고 해서 욕하지 않습니다. 작은 일도 결국 누군가는 해결해야 했고, 나머지 동료의 리소스가 닿지 않는 영역의 일을 마무리한 것이니까요.

조그마한 성취감을 느끼는 데 슬퍼하지 않으셨으면 좋겠습니다. 정말 슬픈 순간은 어떤 마무리도 경험할 수 없는 순간입니다. 당신의 감정만 행복하다면, 그것으로 거대한 일이 됩니다.

누구나 궁금해하는
열네 가지 질문

제가 처음 책을 쓰기 시작했을 때, 주변의 지인이나 대학생들을 통해서 질문을 수집한 적이 있습니다. 그 질문에 대한 답변을 지금까지의 본문의 내용으로 소화하였지만 그렇지 못한 질문도 있습니다. 지금부터는 별도의 지면을 마련해 답변을 드리려고 합니다. 일부 내용은 지금까지 책의 내용과 중복이 있을 수 있는데요. 그러한 부분은 더 간결하게 답변 드리고자 노력해 보았습니다.

1. 연봉은 얼마인가요?

아쉽게도 절대적인 수치를 알려드릴 수는 없습니다. 내규에 위배되기 때문인데요. 그리고 회사에 따라 천차만별이기 때문에, 알려드린다고 하여도 실제 업계와 상이할 수 있습니다. 현재 저는 비교적 처우가 좋다는 곳에 다니고 있고 만족할 수 있는 대우를 받고 있습니다. 이전에 광고업계에서 기대했던 연봉보다는 높은 것 같습니다. 반면에 같은 업계라고 하여도 많은 차이가 납니다. 간혹 링크드인 등을 통해서 헤드헌터의 제안이 오고는 하는데 대기업이지만 연봉이 낮은 곳도, 스타트업이지만 높은 곳도 있더군요. 가장 정확한 것은 아무래도 '잡플래닛' 등의 플랫폼에서 내가 갈 회사의 실무자가 작성한 연봉을 확인하는 것이 좋습니다.

2. 워라밸이 어느 정도 수준인가요?

솔직하게 이야기하자면, 워라밸이 좋은 편은 아닙니다. 어쩌다 조금 한가한 시기도 오기는 하지만, 대부분의 시간을 소위 '빡세게' 일하며 보냅니다. 야근은 좀 하는 편입니다. 그런데, 개인적으로 인터넷 산업에서 워라밸을 추구하는 것이 오히려 위험하다는 인식을 가지고 있습니다. 경쟁 서비스 태동이나 글로벌 경쟁자 출현이 매우 쉬운 환경이기에, 어딘가 일을 적게 하는 곳이 있다면 오히려 그 회사는 위험하다고 생각합니다. 언제 침략당할지 모르기 때문이죠. 인프라 투자가 상대적으로 적은 회사는 정말 열심히 달려야 살아남을 수 있습니다. 그러다 보면 야근이 일상이 되기도 하죠. 다만, 보상은 당연히 합당해야 합니다. 워라밸이 안 좋아도 보상이 확실한 형태가 오래 갈 회사라고 봅니다.

3. 직업에 대하여 만족하고 계시나요?

매번 다릅니다. 정말 안 풀리는 문제가 있을 때는 만족도가 뚝 떨어지는 순간도 많습니다. 그러다 문제를 풀고 나면 만족도가 올라가기도 하죠. 매일 설레는 마음으로 만족하며 일을 하고 있냐고 누군가 물어보면, "때때로 그렇다."라고 말할 것 같습니다. 어떤 일을 하던지 매일 만족하기는 어려울 것입니다. 힘들어도 참고하는 경우가 많죠. 중요한 점은 고통을 참더라도 버틸 가치가 있냐는 것인데, 아직은 저에게 그런 가치가 있는 일입니다.

4. 협업하기 좋은 기획자는 어떤 사람인가요?

철저하게 저의 시각인데, '서비스가 잘 운영되는 데 진심인' 기획자입니다. 대화를 잘하거나 기획서를 잘 쓰거나 좋은 아이디어를 가지고 있거나 이런 것은 한때라고 생각합니다. 언젠가는 힘든 순간을 맞이할 것이고, 그때 무너지지 않고 끝까지 가는 것이 중요하다고 봅니다. 바로 이 순간 정말 서비스를 좋아하고 같이 성장하고 싶은 분은 버티고 긍정성을 유지합니다. 그 에너지에 더 힘을 가지게 되죠. 그런 에너지를 가지고 있는 분과 일을 할 때 같이 일하기 좋다는 생각을 하고는 합니다.

5. 기획자를 미리 준비할 수 있는 방법은 없나요?

저는 사실 광고 대행사에 다닐 때 우연히 배웠습니다. 광고주의 웹 광고 대행을 맡았는데, 홈페이지 개편을 통한 마케팅을 준비하며 자연스레 배웠죠. 운이 정말 좋았던 케이스였는데요. 그 외에 개인적으로 친구와 서비스를 만들어보았습니다. 중고 물품 플랫폼을 만들고 싶어했던 친구와 함께 서비스를 그려보기도 했고, 패션 서비스를 기획해 보기도 했습니다. 다만, 굳이 이런 경험이 없더라도 일단 어떤 일이든 시작하실 수 있다고 생각합니다. 문제를 제기하고, 해결해 본 경험이 있다면 어떤 것이든 상관없습니다. 직접적이지 않아도 충분한 경험이라고 생각합니다.

6. IT업계의 용어를 미리 공부해 볼 방법은 없나요?

미리 공부할 필요가 없다고 생각합니다. 도메인별로 용어가 너무나 다르기도 하고, 실제로 일을 하게 되면 정말 순식간에 학습하게 되기도 합니다. 오히려 미리 학습하는 것이 비효율적인 것 같습니다. 아마 취업을 준비하다 포트폴리오나 이력서를 위해 서비스를 기획해 보는 과정을 한 번씩 경험했을 텐데요. 그 과정에서 배우는 것도 많습니다. 그 이상 따로 책을 보거나 용어집을 보면서 공부할 필요는 없습니다. 그저 '서비스가 이렇게 만들어지는 구나…' 정도의 느낌만 아는 것이 오히려 상상력을 저해하지 않는 것 같습니다. 기술적 지식을 미리 습득하는 순간 거기에 생각이 매몰되는 경우도 있기 때문이죠. 그냥 일을 시작하셨으면 좋겠습니다.

7. 서비스 기획자를 한 문장으로 어떻게 소개할 수 있을까요?

매번 처음 보는 사람이나 어른들에게 직업을 설명할 때 저도 이 부분이 참 어려웠습니다. 제가 제일 편하게 소개하는 말은 "개발자, 디자이너와 함께 서비스를 만듭니다."였습니다. 덧붙여서 "제가 프로젝트를 제안하면 디자이너가 예쁘게 고쳐 주고, 개발자는 직접 만들어주세요."라고 말하죠. 아무래도 무언가 만들기 위해 노력한다는 것이 제일 적절하게 표현된다고 생각되더군요. 물론 그중 저희는 '제안'과 '설득'에 가장 큰 역할을 가지고 있다고 생각합니다. 하지만, 만들기 위해 노력하는 입장이라는 것은 크게 다르지 않다고 보기는 합니다.

8. IT 기업의 통상적인 '수평적' 분위기에 어디까지 맞춰야 하나요?

'수평적'이라고 하니 자유롭게 행동하다가 예의 없어 보일까 걱정하는 분들이 많습니다. 사실 이건 회사별로 많이 다른 것 같습니다. 실제로 회사는 수평을 지향하지만 팀은 그렇지 않은 경우도 있고, 반대인 경우도 있죠. 이것은 그 팀에 가서 팀의 '선'이 어디까지일지 직접 경험해 보는 수밖에 없습니다. 저는 처음 입사 후 발령받은 팀에 출근한 뒤 자리에 찾아가 한 분 한 분 인사를 드렸는데요. 제발 불편하니 그렇게 하지 말아 달라고 하셨습니다. 매우 수평적이고 개인적인 분위기였죠. 누군가에게 선을 넘게 자유로운 영혼으로 느껴질 것이 두려우시다면, 가장 보수적인 행동부터 하나씩 자유롭게 푸시는 방향도 좋은 것 같습니다.

9. 회사의 업무를 온전히 따라가기만 해도 성장에 충분한가요?

저는 회사를 따라가는 것만으로도 사실 버겁습니다. 다른 부분을 생각할 물리적인 시간이 부족하더군요. 저에게 성장은 '새로운 일을 완수하는 것'입니다. 회사에도 항상 새로운 일이 있고, 이것을 따라가는 것이 저에게는 성장으로 다가왔습니다. 정말 어려운 문제들이었죠. 만약 새로움과 도전이 없는 환경이라면 성장에 충분하지 않은 환경일 것 같습니다. 이때는 성장을 위해 다른 개인적인 노력을 할 수 있겠죠. 하지만, 저는 현재 도전적인 삶을 살고 있고, 이를 보조하기 위해서 개인적인 노력을 약간 하는 수준입니다.

10. 서비스 기획자는 사용자에게 '갑'인가요 '을'인가요?

을 중에 '슈퍼을'입니다. 그리고 저는 그래야만 한다고 생각합니다. 사용자들이 동조해주기를 바라기보다는, 사용자들의 공감대에 내 생각을 맞추어야 한다고 생각합니다. 내가 옳은가, 시장이 옳은가 둘 중에 골라야 한다면 저는 무조건 시장이 옳은가를 고릅니다. 그들에게 선택되기 위해서 노력을 해야 한다고 봅니다.

11. 매너리즘에 빠질 수 있음을 주의해야 하는
업무나 역할이 있나요?

사실 모든 일을 이런 시각으로 주의해야 한다고 생각합니다. 아무리 단순한 업무이고 간단한 업무일지라도, 자신만의 독창성을 발휘해서 새로운 것을 만들어낼 수 있습니다. 개인의 역량도 매우 중요합니다. 업무나 역할을 한정하는 것은 상당히 위험합니다. 같은 일이라도 내가 하니까 다르게 만드는 것이 중요하죠. 다른 무엇보다 그저 그 자리에 안주해서 그대로 하려는 마음이 위험한 것 같습니다.

12. 하나의 도메인을 오래 담당하기 vs.
도메인을 자주 바꿔서 도전해보기

개인의 마음을 따르는 것이 맞습니다. 만약 지금 담당하는 도메인에서 설렘이 없고 더 잘 되었으면 하는 욕심이 들지 않는다면, 바꾸는 것이 맞다고 생각합니다. 저 역시 그러한 판단을 했던 적이 있습니다. 오래 담당하면서도 계속 도전하고 싶고 설렘이 있다면, 계속해도 좋은 것 같습니다. 한 도메인에서도 성장할 여지가 남은 것이죠. 성장의 동기가 생기지 않는다면 바꾸는 것이 맞습니다.

13. 기획자가 AI에 대체될 수 있는 직업이라고 보시나요?

단순하게 일한다면 그럴 수 있습니다. 사실 AI의 미래를 예측하는 것은 정말 어려운 일입니다. 이미 수많은 파라미터가 입력된 인공지능은 어마어마하게 많은 일을 해내고, 또 이해하고 있다는 사실이 밝혀졌습니다. 그 한계는 계속 확장하고 있죠. 인공지능은 결국 가장 합리적인 패턴화를 무한으로 반복하는 일을 하는데요. 내가 하는 일이 패턴화가 쉽다면, 그것은 대체될 수 있다고 생각합니다. 같은 기획이라도 비슷한 패턴에 의해서만 움직이는 일입니다. 하지만, 패턴화가 될 수 없는 복잡한 의사 결정과 아이디어로 무장된 일을 한다면 적어도 빠른 시간에 정복되기는 어렵다고 생각합니다. 그래서 더 복잡도가 높고, 도전적인 생각을 요구하는 일을 해야 한다고 보고 있습니다. 쉽게 대체되기 어려운 생각을 하기 위해 노력해야 하는 것이죠. 세상의 많은 직업이 비슷한 문제에 직면했다고 보고, 인간은 경쟁력을 갖추기 위해 더 복잡성을 갖추어야 한다고 봅니다.

14. 개인 사업으로 똑같은 일을 하면 돈을 더 많이 벌지 않나요?

개인이 감내할 수 있는 리스크의 문제라고 생각합니다. 물론 회사에서 하는 똑같은 일을 창업을 한 뒤 나의 사업으로 진행하고 성공한다면 더 많은 돈을 벌 것입니다. 하지만, 실패에 대한 리스크 역시 매우 증가하게 되죠. 회사처럼 주변의 좋은 동료를 구하지 못할 리스크, 회사의 브랜드 힘을 얻지 못해 실패할 리스크 등 수많은 리스크가 산재하게 됩니다. 실패하면 월급 없이 다시 처음부터 시작해야 하죠. 저는 위험을 무릅쓰고 광야에서 도전할 의지와 용기가 조금은 부족한 성향입니다 만약 이를 감내할 수 있는 분이라면 개인 사업으로 서비스를 만들 수도 있습니다. 아직 저는 그런 용기는 부족합니다.

누구든 저에게
딴지를 걸어 주셔도 됩니다

미천하고 고된 글을 거쳐, 에필로그를 읽고 계신 여러분께 깊은 감사의 마음을 드리고 싶습니다. 정말 고생 많으셨습니다.

책을 처음 집필한 시기와 지금의 저를 비교해 보면 많은 부분이 달라져 있습니다. 업무도 동료도 바뀌었고, 사고도 많이 달라졌죠. 첫 페이지를 작성하던 때는 당찬 포부가 있었습니다. '주니어의 네비게이션이 되리라.', '꼭 한 줄의 도움을 남기리라.'라는 마음이었고, 내 지식이, 일의 방향이 어느 '정도의 수준'을 달리고 있다는 생각이 있었습니다. 그렇게 대략 8개월가량 글을 쓰고 시간을 보내면서 많은 일이 벌어졌습니다. 지속되는 업무에 대한 불안감도 겪었다 회복했고, 새로운 내 것을 찾겠다며 부서도 이동했습니다. 새로운 적응 환경에서 저는 또다시 전투를 계속하고 있습니다. 이전에 알아왔던 모든 것과 전혀 상반되는 의견을 배우기도 했습니다.

역시나 정답은 없나 봅니다. 짧은 몇 개월에도 수많은 생각의 문장이 틀리게 보이기도 하니 말입니다. 제가 쓴 이 말들도 다른 시기, 또 다른 내가 본다면 '어떻게 이렇게 생각을 했지?'라고 읽힐 것 같습니다.

그럼에도 이야기를 적는 이유는 여전히 궁금하기 때문인 것 같습니다. 현재 '기획자'라는 길을 같이 걷고 있는 여러분의 생각이, 이 길을 걷기 위해 준비운동을 하는 신입들의 생각이 궁금합니다. 주장이 없으면 반론이 없고, 이야기가 없으면 토론도 없죠. 누군가가 가질 반박이 너무도 궁금합니다. 다시 생각의 조정을 거칠 순간이 궁금하고요. 어딘가 이 이야기로 시작될 또 다른 이야기가 궁금하기도 합니다.

다른 것보다, 저의 글이 또 다른 토론의 시작이 된다면 좋겠습니다. '도저히 이해할 수 없더라.', '난 전혀 생각이 다르다.', '이 부분은 공감이 되더라.'라는 어떤 종류의 화두로든 피드백이 있다면 더 이상 바랄 것이 없습니다.

나름 인터넷 회사에 다니면서 그래도 변하지 않는 하나의 문장이 있다면, '대화밖에 없다.'는 것입니다. 기능도, 나의 문제도, 조직의 문제도 오직 대화를 통해서만 문제의 실마리가 풀립니다. 흐드러지게 작성된 문서도, 미려한 디자인도, 엄청난 기술력도 해결책이 아닙니다. 계속해서 이야기를 해야만 합니다.

저는 이렇게 어느 누군가에게 작은 대화를 던졌다는 사실로 만족하고 이만 줄이려고 합니다.

여러분에게 건강한 대화와 협의 그리고 개선이 가득한 일상이 펼쳐지길 간절히 바라겠습니다. 감사합니다.